艺术体育
高校学术研究论著丛刊

青少年功能性训练与运动康复研究

王成科 著

中国书籍出版社

图书在版编目 (CIP) 数据

青少年功能性训练与运动康复研究 / 王成科著. -- 北京：中国书籍出版社, 2021.6
ISBN 978-7-5068-8545-4

Ⅰ.①青… Ⅱ.①王… Ⅲ.①青少年 – 运动训练 – 研究②青少年 – 康复训练 – 研究 Ⅳ.① G808.17 ② R493

中国版本图书馆 CIP 数据核字（2021）第 122912 号

青少年功能性训练与运动康复研究

王成科　著

丛书策划	谭　鹏　武　斌
责任编辑	成晓春
责任印制	孙马飞　马　芝
封面设计	东方美迪
出版发行	中国书籍出版社
地　　址	北京市丰台区三路居路 97 号 (邮编：100073)
电　　话	（010）52257143（总编室）　（010）52257140（发行部）
电子邮箱	eo@chinabp.com.cn
经　　销	全国新华书店
印　　厂	三河市德贤弘印务有限公司
开　　本	710 毫米 × 1000 毫米　1/16
字　　数	225 千字
印　　张	12
版　　次	2022 年 7 月第 1 版
印　　次	2022 年 7 月第 1 次印刷
书　　号	ISBN 978-7-5068-8545-4
定　　价	72.00 元

版权所有　翻印必究

目　录

第一章　功能性训练概述 …………………………………………… 1
第一节　功能性训练的起源与发展 ………………………………… 1
第二节　功能性训练的理念与原则 ………………………………… 4
第三节　功能性动作筛查与评估 …………………………………… 6
第四节　功能性训练计划 …………………………………………… 11

第二章　青少年功能性训练的科学理论基础 ………………………… 16
第一节　运动生理学基础 …………………………………………… 16
第二节　运动心理学基础 …………………………………………… 27
第三节　运动训练学基础 …………………………………………… 33

第三章　青少年身体各部位的动作模式训练指导 …………………… 37
第一节　上肢动作模式训练 ………………………………………… 37
第二节　下肢动作模式训练 ………………………………………… 46
第三节　躯干动作模式训练 ………………………………………… 52

第四章　青少年身体速度与爆发力训练指导 ………………………… 56
第一节　最大速度训练 ……………………………………………… 56
第二节　多方向加速训练 …………………………………………… 61
第三节　旋转爆发力训练 …………………………………………… 63

第五章　青少年平衡与协调能力训练指导 …………………………… 78
第一节　平衡能力训练 ……………………………………………… 78
第二节　灵敏与协调性训练 ………………………………………… 86

第六章　青少年渐进性功能训练指导 ………………………………… 100
第一节　上肢渐进性功能训练 ……………………………………… 100
第二节　下肢渐进性功能训练 ……………………………………… 104

第三节　躯干渐进性功能训练…………………………………… **109**

第七章　青少年运动康复理论及科学保障体系的构建…………… **113**
　　第一节　运动康复常用器材与测评内容…………………………… **113**
　　第二节　运动康复技术……………………………………………… **116**
　　第三节　运动康复之营养保障……………………………………… **117**
　　第四节　运动康复之伤病预防与处理……………………………… **128**
　　第五节　运动康复之运动疲劳的预防与消除……………………… **138**
　　第六节　运动康复之运动处方的制定与实施……………………… **152**

第八章　青少年运动康复技术及运用………………………………… **158**
　　第一节　青少年运动康复技术实施的形式与原则………………… **158**
　　第二节　关节松动术的操作及应用………………………………… **161**
　　第三节　肌肉力量康复技术及应用………………………………… **168**
　　第四节　本体感觉神经肌肉易化技术及应用……………………… **180**

参考文献……………………………………………………………………… **185**

第一章 功能性训练概述

伴随着竞技体育的不断发展,运动员的各项身体素质也获得了前所未有的提升,对于专业的运动员来讲,要想获得较高的比赛水平和良好的运动成绩,就必须依赖于平时持续不懈的努力训练,训练可以说是运动员的根本。功能性训练作为一个有效的训练途径和手段,受到众多教练员和运动员的青睐,利用这一训练途径能很好地提升运动员的竞技水平。

第一节 功能性训练的起源与发展

一、功能性训练的起源

运动性功能训练是由美国的马克·沃斯特根先生提出的。他作为国际运动训练领域的知名领头人和创新者,将最新的体育科学知识应用于运动员的最前沿训练中去,通过利用各种先进的训练设施训练出了许多世界顶尖运动员。在训练这些顶尖运动员的过程中,马克·沃斯特根采用了许多独特的、创新的概念,为运动训练的发展贡献了自己的力量。

马克·沃斯特根在其母校华盛顿州立大学开始执教生涯,后来成为乔治亚理工学院运动员训练助理指导。在此期间,他将其创新性的和成功的训练计划应用于足球队、男子篮球队和高尔夫球队。1995 年他以极富冒险的精神来到佛罗里达布雷登顿,创建了国际性质的训练学院,该学院在其带领下日益被世人所熟知。1999 年在亚利桑那坦佩成立了新的身体运动功能训练中心,2003 年又在加利福尼亚州卡森市成立了第二个身体运动功能训练中心,2006 年与安德鲁斯学院合作,于佛罗里达微风湾成立了第三个身体运动功能训练中心,2009 年第四个身体运动功能训练中心于得克萨斯州弗里斯科成立。2009年的夏天,第一个身体运动功能训练中心由亚利桑那州坦佩迁至新地点——凤凰城菲尼克斯。

总之,运动性功能训练的诞生,实质上是代表了当今的身体训练已由重视低端要素(肌肉训练——不断提高肌肉力量)向重视高端要素(肌肉-神经系统协同训练——不断提高动作质量与控制)的转变,这是一个训练理念的转变,也是职业体育发展的必然结果。

二、功能性训练的发展

(一)功能性训练体系的形成

1. 教练员培训体系

除了美国体能训练协会之外,国际上一些运动科学发展较完善的国家,一般也都有专门的体能训练组织,如澳洲体能训练协会和英国体能训练协会。从整体上来看,美国走在世界体能训练的前面是由于其职业体育高度发达。目前,美国体能协会在全球62个国家已有37 000多名会员,仅在美国就有29 000多名会员。各个项目国家队都配备有体能训练,很多项目有多个体能教练,并设立国家队体能训练总教练。

从训练组织结构上来看,美国不仅有体能协会和训练基地,还有很多高水平体能训练中心,它们形成了多学科交叉的训练团队模式,团队成员包括医生、运动防护师、运动矫正师、物理治疗师、运动营养师、心理咨询师、体能训练师、按摩师等专业工作者,具有很强的研发能力。而且从高中到大学、职业俱乐部、国家队都配有体能教练员。尤其是以美国EXOS(由API和CPI合并)为代表的运动性功能训练具有世界性影响,他们为德国、日本足球、职业网球、棒垒球、篮球以及多个国家的高水平运动队服务。

2. 身体运动功能训练理念与方法

运动性功能训练理念是要通过最大限度地整合专家资源、训练器材、训练方法,创造一个高效促进运动员竞技水平提高的个性化、智能化的最佳训练支持系统,使运动员通过80%的努力达到100%的训练效果,并最大限度地延长运动寿命,提供成功策略支持,实现运动员职业生涯的预期目标。

运动性功能训练原则很少,但训练方法成千上万。如果一个教练员理解了训练原则,就能选择合理的训练方法;如果一个教练员只重视训练方法,而忽视训练原理原则,就一定会在训练中遇到困惑。API 的训练改变了传统的专项大运动量、大强度的训练,倡导以身体动作模式训练为基础,以训练质量和训练效果为核心的训练,以再生训练和主动恢复为保障,力求每一天训练都达到完美的效果。

一般情况下,运动性功能训练共有 11 个训练板块,内容包括系统训练方法论、功能性动作筛查与矫正、躯干支柱力量、动态拉伸、动作整合、专项动作准备、快速伸缩复合练习、直线和多向加速、力量与旋转爆发力、能量系统发展、再生与恢复等内容。

(二)我国功能性训练的发展

与国外相比,我国大多数教练员都非常重视运动员的身体素质训练,忽视身体的系统训练,常常把提高肌肉力量尤其是大肌肉群力量训练和局部力量训练作为提高专项能力的关键,而不重视神经对人体控制能力的训练,缺乏维持平衡稳定的小肌肉群力量和神经-肌肉协调运动的功能训练。这种训练模式使得局部肌肉负荷量和强度过高,容易出现动作代偿,技术动作效益低,加之缺乏主动的、系统的再生恢复,也使得运动员容易出现运动损伤。一些运动员身体外形看似很强壮,但在场上跑不快、跳不高、停不住、转不动,比赛所需的专门动作做不出来。分析其主要原因在于,传统体能训练仅重视肌肉力量训练,没有重视比赛所需的动作模式训练,而肌肉力量训练未必能提高动作的质量和动作的表现能力。因此,运动性功能训练在传统体能训练模式的基础上,突出强调动作模式训练,并把完成专项动作所需的肌肉力量更好地集中起来,能更好地提高技术动作的质量,促进运动员技术水平的提升。

我国功能性训练理念的引入,首先来自国家体育总局竞体司副司长刘爱杰博士,他在 2007 年就与袁守龙博士、陈小平博士等人合作,对运动性功能训练的理念、核心概念、内容体系、方法体系等方面进行了探索,并在 2010 年组织国内一批专家和学者翻译了《动作训练》《快速伸缩复合练习》《跑得更快》《划得更快》《运动生理学》等 14 部运动训练培训教材。这些译著为我国学者和教练员深入探索身体运动功能训练奠定了坚实的理论基础。

2013年10月，尹军教授与国家乒乓球队身体运动功能训练教练员张启凌、陈洋合作，在系统总结国家乒乓球队备战2012年伦敦奥运会身体运动功能训练的基础上，出版了第一部专项身体运动功能训练研究专著《乒乓球运动员身体运动功能训练》，标志着身体运动功能训练开始朝着专项化方向发展。

2011年9月，国家体育总局备战办与美国API合作，系统地引进身体功能训练体系，标志着我国正式进入身体功能训练体系的学习和研究阶段；2012年12月，国家体育总局组织召开了全国体能教练员培训及研讨会，并提出了体能教练员培训和认证。经过十多年的学习和探索，我国现已建立了国家体育总局备战奥运会身体功能训练团队、国家队体能训练中心（国家体育总局训练局）；首都体育学院建立了青少年身体运动功能训练博士点、身体运动功能诊断与训练研究所、体能教研室，招收青少年身体运动功能训练方向的硕士生，在本科生层次开设了青少年身体运动功能训练专项班；北京体育大学在科研中心也建立了体能训练实验室和教研室；北京市体科所建立了BRISS体能训练营；上海市体能协会建立了美国国家体适能协会上海分部等，为专门从事体能训练实践和理论研究的平台。上述机构为建立符合我国运动员实际条件的身体运动功能训练理论与方法体系提供了广泛的研究平台。

国家队功能性训练团队为中国的乒乓球、体操、跳水等个体性项目圆满完成奥运会比赛任务做出了积极贡献，也得到了教练员和运动员的认可。但是，我国运动员在体能类项目、集体球类项目仍然处于落后位置，与国际先进水平有较大的距离，即使是与日本、韩国相比也存在一定的差距，这需要今后大力发展。

第二节 功能性训练的理念与原则

一、功能性训练的理念

功能性训练理念是要通过最大限度地整合专家资源、训练器材、训练方法，创造一个高效促进运动者运动水平提高的个性化、智能化的最佳训练支持系统，使运动者通过80%的努力达到100%的训练效果，并最大限度地延长运动寿命,提供成功策略支持,实现运动者的预期目标。而传统体能训练的理念是进行单方向、单关节、实效性较低、有序的训练过程。

二、功能性训练的原则

(一)最优化原则

功能性训练的最优化原则是指从人的生长发育阶段规律出发,按照人体功能解剖的结构理论和运动生物力学原理,通过一系列的动作模式训练,提高神经系统对身体稳定性、灵活性的控制能力。

功能性训练强调运动员运动功能的动作筛查、动作准备、动力链训练、核心柱力量和恢复再生等训练,目的是更好地提高运动者的专项能力、降低伤病概率,提高赛场竞技表现力。大量的研究与实践证明,力量是提高动作速度的基础,神经肌肉节点的训练是关键,必须要高度重视功能性力量训练。这对于运动员的身体素质发展具有重要的意义。

(二)循序渐进原则

循序渐进原则是指训练时动作的结构要从易到难,数量由少到多,负荷强度由小到大,训练时间由短到长。循序渐进的训练不仅体现在多年中,也体现在每个年度训练中和每一个训练周期中,还体现在每次训练都要考虑当天的训练必须与前一天的训练相对应,同时还要考虑与后一天的内容相衔接。适应性规律告诉人们,有机体对一个恒定不变的刺激会产生反应下降的表现,即运动者在长时间内始终使用相同的练习方法和训练负荷,训练效率就会降低。因此,运动者的机体在训练负荷等因素的长期刺激下,各器官和系统所产生的结构与机能变化逐步达到比赛所需的运动能力,并按照刺激—反应—适应—提高—再刺激—再反应,不断提高运动能力和适应性。影响运动者进行循序渐进训练的关键要素是系统性,即训练方法、手段和训练负荷的变化系统性,适应高强度训练的系统性以及训练水平逐步提高的系统性。

(三)无疼痛训练原则

功能性训练强调无疼痛训练,因为带着伤痛训练很容易使运动者出现代偿动作,进而破坏原有的技术动力定型,导致技术动作变形。因此,身体运动功能训练强调以运动功能动作筛查作为训练的切入点,以动作模式训练为核心,以提高动力链传递效能为目标。其中,运动功能动作筛查主要是为了确定运动功能障碍,找到需要消除的疼痛部位或损伤点,以此为基础,再制定消除运动功能障碍的方法和手段,这也是身体运动功能训练的逻辑起点。而动作模式训练则是增强神经对肌肉的控制,通过一系列单一的或组合的动作训练,逐步提高关节的稳定性和灵活性,进而提升单个动作的稳定性和消除代偿动作,最终达到提高动力链传递效能的目标。

（四）动作规范性原则

运动者如果仅仅是为了完成教练员预先制订的训练计划,并不关注练习动作的规范性和正确性,这种只注重练习数量的堆积,不注重练习动作质量的训练,将会出现一些代偿性动作,增加无效训练的比例,降低肌肉完成技术动作的经济性和实效性,甚至会导致运动损伤等很多不利影响,进而会影响到运动员在比赛过程中的发挥。只有在平时的训练中注重练习动作的正确性,或者让错误的动作在训练中得到控制或解决,运动员才有可能向高水平方向发展。因此,身体运动功能训练关注的是完成动作的质量和动作实效性,而不是关注肌肉力量的训练。因为肌肉力量训练不能把比赛时所需的动作表现出来,而动作模式训练则可以把比赛场上所需的肌肉力量发展起来,并能在比赛时把运动技能展现出来。

第三节　功能性动作筛查与评估

一、功能性动作筛查

（一）功能性动作筛查的概念

功能性动作筛查由美国矫形训练专家格雷·库克和训练专家李·布尔顿等人设计并在20世纪90年代提出,是广泛应用于美国理疗康复和体能训练领域的一种测试方法。

FMS测试是在大量收集人体运动损伤和功能障碍测试数据的基础上,通过统计学方法来分析人体的运动模式,提高运动成绩和预防损伤。在临床应用和研究功能运动的基础上,格雷·库克等人于1998年改进并完善了这种测试模式。自此,FMS测试广泛应用于美国职业运动员运动能力评估,旨在发现人体基本动作模式障碍或缺陷。

(二)功能性动作筛查测试的原理

FMS测试的得分与预防损伤的能力是相关的。运动员的损伤是由于肌肉紧张、协调性差、其他薄弱环节以及忽视以上问题而采取补偿性动作所引起的。而FMS测试正是对身体灵活性、柔韧性、稳定性等身体能力的检测,是对传统体能测试方法的一种补充。

FMS动作模式是将身体置于一个特别设计的动作位置,以检测身体在灵活性和稳定性方面存在的缺陷和不对称,这些缺陷和不对称直接影响人体动作完成和动力传递的有效性与流畅性。很多高水平运动员并不能很好地完成这些基本动作,是因为他们在完成这些动作过程中出现了一些代偿性动作,这些代偿性动作破坏了动作的有效性,导致力量传递的丧失和能量传递的损耗。因此,在长年累月的重复中,这些代偿动作很可能为运动损伤的出现埋下隐患。而FMS测试则是提供了这样一种方法,它可以很快地发现人体的危险动作模式并且通过矫正训练排除掉。

二、功能性动作评估

(一)功能性动作评估的概念

功能性动作评估是一种用来测量与动作模式有关的疼痛和功能不良的动作评估方法。功能动作筛查和选择性功能动作评估的区别在于:功能动作筛查是由医务或康复专业人员在正常运动员群体中进行的;而选择性功能动作评估则是由医务或康复专业人员在出现异常情况的运动员群体中进行的,疼痛通常是运动员抱怨的主要异常情况。选择性功能动作评估通常使用动作来激发与运动员的主要抱怨相关的各种症状、功能不良及动作模式缺陷信息。选择性功能动作评估为医生和物理治疗师对疼痛和功能障碍进行治疗提供了一种新的途径。

（二）功能性动作评估的方法

1. 颈部脊柱动作模式评估

（1）目的

第一个颈部脊柱动作模式评估需由肩到胸，评估了颈部脊柱屈曲能够达到的程度，还包括枕骨－寰锥联合的灵活性。第二个颈部脊柱动作模式评估需面部与天花板平行，评估了运动员颈部脊柱伸展能够达到的程度。第三个颈部脊柱动作模式评估需下颌接触左肩和右肩，评估了颈部脊柱转动和侧屈能够达到的程度。这是一种包括侧屈和转动的结合性动作模式。

（2）说明

①执行第一个动作模式：运动员直立，双脚并拢，形成开始姿势，脚尖指向前；然后试图用下颌接触胸骨，在动作过程中保持躯干竖直。

②执行第二个动作模式：运动员直立，双脚并拢，形成开始姿势，脚尖指向前；然后向上看，使面部与天花板平行。

③执行第三个动作模式：运动员直立，双脚并拢，形成开始姿势，脚尖指向前；然后尽可能远地向右转动头部，颈部屈曲，将下颌向锁骨移动。

（3）测试注意事项

确信运动员的嘴在整个动作中保持闭合。不允许肩胛骨上提和前伸。从前面和侧面观察。不得教授动作，如果需要，只是重复说明"出现了疼痛吗？""能够做出动作吗"？如果不能，进展到一个适宜的突破点。

（4）附加信息

在执行第一个动作模式的过程中，确信运动员的嘴在整个动作中保持闭合，运动员应该能够用下颌接触胸骨，不产生疼痛。在执行第二个动作模式的过程中，运动员应该能够达到接近平行角度的10°以内，不产生疼痛。在执行第三个动作模式的过程中，正常范围是双侧达到锁骨中部，不产生疼痛。

2. 上肢动作模式评估

（1）目的

上肢动作模式评估检查肩部的全部运动范围。第一个动作模式评估肩部的内旋、伸展和内收。第二个动作模式评估肩部的外旋、屈曲和外展。

（2）说明

①执行第一个动作模式：运动员直立，双脚并拢，形成开始姿势，脚尖指向前；然后试图用右臂触摸左肩胛骨的下角；测试者将一个手指放在运动员手指接触背部的这个点上，比较这个点的左臂测试结果。如果动作幅度减小，请注意距离肩胛骨的距离。

②执行第二个动作模式：运动员直立，双脚并拢，形成开始姿势，脚尖指向前；然后用右臂从头上伸出，试图触摸左肩胛骨和脊柱；测试者将一个手指放在运动员手指接触背部的这个点上，比较这个点的左臂测试结果。如果动作幅度减小，请注意距离肩胛骨和脊柱的距离。

（3）测试注意事项

从前面和侧面观察。不得教授动作，如果需要，只是重复说明"出现了疼痛吗？""能够做出动作吗"？如果不能，进展到一个适宜的突破点。

3. 上肢疼痛激发动作模式评估

（1）目的

第一个上肢疼痛激发评估（第一个动作模式，约卡姆冲击测试）是为了确认肩旋转袖的冲击；第二个上肢疼痛激发评估（第二个动作模式，肩部交叉方法）是为了确认肩锁关节的病理状态。

（2）说明

①执行第一个动作模式：运动员直立，双脚并拢，形成开始姿势，脚尖指向前；然后把右手的手掌放在左肩上；测试者用手稳定运动员的手并贴在肩上，让运动员向天空方向缓慢上提肘部；左侧重复此动作。

②执行第二个动作模式：运动员直立，双脚并拢，形成开始姿势，脚尖指向前；然后右臂越过胸前侧向伸出，让运动员使用左手被动地提供帮助，尽可能远地水平内收右臂。左侧重复此动作。

（3）测试注意事项

从前面和侧面观察。不得教授动作，如果需要，只是重复说明"出现了疼痛吗？""能够做出动作吗"？如果不能，进展到一个适宜的突破点。

4. 多环节屈曲动作模式评估

（1）目的。多环节屈曲评估测试双髋和脊柱的屈曲能力。

（2）说明。运动员直立，双脚并拢，形成开始姿势，脚尖指向前，然后在双髋处体前屈，试图用手指尖触摸脚尖，双膝不弯曲。

（3）测试注意事项。从前面和侧面观察。在整个动作中脚步姿势保持不变。双膝保持直线。不得教授动作，如果需要，只是重复说明"出现了疼痛吗？""能够做出动作吗"？如果不能，进展到一个适宜的突破点。

（4）附加信息。观察受试者在体前屈触摸脚尖时的双髋后移动作。

5. 多环节伸展动作模式评估

（1）目的。多环节伸展评估测试双肩、双髋和脊柱的伸展能力。

（2）说明。运动员直立，双脚并拢，形成开始姿势，脚尖指向前；然后双手举过头部，双臂伸展，双肘与双耳在一条直线上；让运动员尽可能远地体后屈，确信双髋前移，同时双臂后移。

（3）测试注意事项。从前面和侧面观察。在整个动作过程中脚部姿势保持不变。肩胛骨和脊柱越过双脚的脚跟，肩胛处于双脚的脚跟之后。在向后伸展时，手部的中线应该越过肩部，双肘保持伸展，并与双耳在一条直线上。骨盆停留在脚趾之前。不得教授动作，如果需要，只是重复说明"出现了疼痛吗？""能够做出动作吗"？如果不能，进展到一个适宜的突破点。

（4）附加信息。在伸展动作模式的顶端，手部的中线应该落到双肩之后。两侧髂前上棘应该移过脚趾，每一侧肩胛骨和脊柱应该移到双脚的脚跟之后。

6. 多环节转动动作模式评估

（1）目的。多环节转动评估测试颈部、躯干、骨盆、双髋、双膝和双脚的转动灵活性。

（2）说明。运动员直立，双脚并拢，形成开始姿势，脚尖指向前，双臂以大约腰部的高度向身体两侧伸展；然后向右尽可能远地转动全身，包括双髋、双肩和头部，脚步姿势保持不变；让运动员恢复到开始姿势，然后向左转动。

（3）测试注意事项。从后面和侧面观察。在整个动作过程中脚部姿势保持不变。身体的下四分之一部分至少双向转动 50° 角。身体胸部以上的部分至少双向转动 50° 角。

（4）附加信息。由于身体两侧同时进行测试，双脚并拢，髋的外旋加大，可能会限制转动，所以要密切注意每个身体环节，包括双髋、躯干和头部。由于相邻环节的各种限制，某个部位可能会过度活动。

第四节　功能性训练计划

一、功能性训练计划的内容

（一）功能性力量训练

在力量板块训练的开始阶段，首先要抓好损伤预防和快速伸缩复合练习这两个板块的训练。例如，在跳箱练习时从半蹲姿势开始做快速起跳动作，通过全身发力跳上跳箱。这个动作是一个能在短时间内有效提高功率的练习方式，它要求在保持稳定的身体姿态下进行爆发力练习。同时在这一部分还应安排一些纠正性动作，与预防损伤的动作相结合。

第二板块是发展最大力量，也是力量训练的重点内容，如发展背部肌群力量、上体力量等。第三板块是在衔接上面两个板块之后的旋转爆发力板块，它需要多个肌肉的参与，而且对肌肉的灵敏性和协调性要求很高，对神经肌肉系统的刺激强度也很大。例如，半跪蹲或半蹲姿态下的向下拉、向上拉或向平面内拉等。另外，教练员也可以把一些纠正性、牵拉性、牵张反射性的训练内容放在里面，这些都是构成一次训练课的主要板块内容。

（二）功能性训练的动作组合

动作组合要比动作模式的选择更能直接影响训练的效果，在组合结构上一定要注意避免局部肌肉的疲劳，要有序地把上体和下体的练习分单元隔离开。例如，第一天做了深蹲，第二天就不能再重复做，而是要安排一些上体的力量练习。

在不同训练阶段，力量训练的组合也要注意结构的有序性。例如，在基础阶段既要发展脊柱力量，也要有很好的动作组合。在此阶段若要使肌肉增粗或增大,在开始阶段就要对上下肢的肌肉进行合理的分段训练。但发展到一定阶段后则要考虑训练的整体,对训练手段的组合和训练方式确定一定要从整体上考虑动作的结构和训练效果。例如,可以在增加肌肉横断面后,再增加肌肉的灵活性和肌肉神经系统的支配能力。而在以提高肌肉功能为主的训练时,可以先采用双臂同时运动的力量练习,获得一定基础后,再采用以单臂运动为主的力量练习。在此期间,也可以有顺序地将拉和推这两种动作模式,分别嵌入到单臂或双臂的动作练习中。

二、功能性训练计划的特点

(一)整体性特点

结构决定着功能的输出和效能,功能的改善或变化反过来又可以促进结构的进一步优化和升级。因此,身体运动功能训练计划的结构决定着训练效果。这也是优秀教练员在训练过程中不断适时调整训练计划和内容的主要原因。

从身体运动功能训练计划的制订与实施情况来看,任何类型和层次的训练计划都具有一定的整体性特征。具体表现为:全年训练计划都是由现实起始状态逐步向目标状态转移;每周的训练计划也都包括肌肉动员与神经激活、躯干支柱力量、动态拉伸、专项动作准备、快速伸缩复合练习、最大力量与旋转爆发力、最大速度与多方向加速、能量代谢系统发展、再生与恢复等板块。在一堂训练课中,教练员也会根据一次训练课的任务,有针对性地选择几个板块并进行相应的组合,而这些小板块中的具体训练内容或手段就构成了身体运动功能训练课的基本要素。这些基本要素按照一定顺序进行组合就能体现出一堂身体运动功能训练课的整体性。

(二)系统性特点

无论是某一单项的特定阶段或周期的功能性训练过程,还是对青少年实施的多年或全年功能性训练过程,都需要经过一个系统的、连续的身体运动功能训练才能得以体现。例如,在非赛季的功能性训练计划设计、身体运动功能训练处方、负荷安排、一般性功能训练与专项技术训练紧密结合的针对性、再生与恢复、运动营养补充、运动技术的平衡与协调、耐力项目的力量训练等环节,在训练中都要严格遵循系统性安排的基本原则,不能盲目进行。

一般来说,运动员的功能性训练过程大致由以下几个步骤组成:起始状态的诊断(含运动机能评定、基础运动功能动作诊断与评价、选择性运动功能动作诊断与评价)、身体运动功能训练目标、身体运动功能训练阶段的划分与任务、确定参加比赛的序列、确定训练负荷的动态变化趋势、确定训练方法和手段、确定各类训练手段的负荷强度与负荷量、确定再生与恢复的措施、确定医务监督的具体措施、确定评定训练效果的内容与时间等。

从运动性功能训练计划的内容来讲,任何层次或类型的身体运动功能训练计划都包括以下几个方面:运动功能的测试与评估、明确训练目标、制订计划和手段、实施训练计划、检查训练效果和调整训练计划。以上几个方面的内容必不可少,需要引起重视。

三、功能性训练计划的案例

在多方向移动训练计划中,我们以训练少年乒乓球选手为例,介绍这一功能性训练计划。这一训练计划有助于少年乒乓球选手提高快速移动技巧。当这位选手身体成熟后,这些技巧将帮助他获得更大的力量。在少年阶段要优先发展运动技能,而不是增加阻力的负荷或者强度。必须着重发展上下肢以及躯干的力量。这些力量的改善是为了提高他在场上的侧向移动能力。快速伸缩复合练习是为了改善神经肌肉的控制能力,提高变向移动的技巧。

(一)运动员背景分析

分析运动员的过往运动经历,是否受过负重训练,是否参加过系统的体能训练等,以便掌握运动员的基本情况。

(二)运动员的测试与评估

(1)六边形跳跃。两脚开立与肩同宽,站在六边形的中间,开始从中心跳过六边形的一边,然后跳回中心,再依次跳过六边形的每一边,直到绕六边形3周。在跳跃过程中必须始终面朝前。用秒表记下完成整个练习的时间。

（2）18米冲刺跑。记录运动员在平整场地上采用站立式起跑快速跑18米的时间。

（3）T字形跑。这个测试在T字形场地上进行，前后长9米，左右宽9米。运动员从前后方向的起点开始向前跑，到达顶端后，先向左或向右跑，分别触碰左右方向的两端，再回到中点，然后跑回起点。记录总共用时。

（4）头上掷实心球。双手持4千克的实心球从头上尽最大努力将球掷出去，允许跨出一步。测量从起始线到实心球落地点的距离。

由此可以得出，被测试者是否需要提高起动的速度、侧面变向的能力以及核心部位力量。此外，核心部位的力量可以由投掷实心球的距离来测算。

（三）训练时间的安排

通常，乒乓球运动员要进行繁重的训练和密集的比赛，同时还要应对学校的课业学习，因此训练时间的安排就要具体问题具体分析，要做到合理和科学。

（四）年度训练中的时段

为期6周的训练。前两周为准备期，用以提高核心力量；接下来的两周将进行亚极限强度训练，以及从低到中等强度的快速伸缩复合练习；最后两周的运动技能训练主要采用中高强度，特别是下肢的训练。另外，训练还应该考虑运动员的年龄和个体能力。

（五）设计与确定训练计划

每一个6周的训练计划都要按照准备、提升和运动技能这三个变量来设计。

1. 第一周

（1）准备：利用实心球来发展核心力量和下肢力量。这个时间段应该做大量的低强度阻力训练。

（2）提升：适当增加练习的种类，每个训练都应该重复 10~15 次。年轻运动员的阻力训练动作应该从简单到复杂。训练的提升也是从普通的练习到运动专项的练习。

（3）动作技术：年轻运动员必须注意每一次练习中正确的姿势和动作。训练这个年龄段的运动员要事事小心。

（4）训练计划表：这一年龄段运动员的注意力持续时间较短，要保持训练课的新鲜度，就必须一个练习紧接着一个练习。恢复对这个年龄段的运动员来说不是最重要的，特别是在运用轻负荷的阻力训练来发展基本力量时。

2. 第二周

（1）准备：继续利用负重训练强调基本力量和稳定性。

（2）提升：进行更复杂的运动。

（3）动作技术：继续强调正确的身体姿势、各个环节的关系、躯干的位置、练习的速度，使每一个练习都有很好的身体控制。

3. 第三周、第四周

（1）准备：通过继续加强力量，让运动员学会稳定和控制身体。

（2）提升：开始进行将重物高举过头的练习，使运动员能在练习中保持动作。

（3）动作技术：注重腿蹬向地面时整个身体的动作。

4. 第五周、第六周

（1）准备：核心力量训练是这一阶段的重点。

（2）提升：运动量和练习次数要进一步提高，进一步增强肌肉的耐力和力量。

（3）动作技术：练习应该更具专项特点，使运动员能最大限度地把力量的增长转换为运动水平的提升。由于本训练计划的目标是提高运动员的横向变向速度，练习时应该着重强调这个方面。

第二章 青少年功能性训练的科学理论基础

青少年参加功能性训练不是盲目的,而是在一定的科学理论,如运动生理学理论、运动心理学理论、运动训练学理论等指导下进行的。这些科学理论能为青少年的功能性训练提供良好的理论指导,保证运动训练的科学性和有效性。

第一节 运动生理学基础

一、青少年功能性训练的生理学原理分析

(一)代谢原理

新陈代谢对人体的发展具有重要的作用和意义。如果新陈代谢过程停止,那么人的生命活动也会随之结束,生命终结。在运动训练中,物质和能量代谢原理是个体必须遵循的重要理论依据之一,在运动训练中,机体承受负荷需要消耗大量的能量,能量的消耗对应的是能量补充。

和安静状态相比,运动训练时,人体内的物质和能量代谢过程会较平时得到加强,能量的消耗也会随之增大。从事有效的训练能够提高人体组织细胞内酶系统的适应性,使酶的活性得到提高,从而促进人体的物质代谢过程和能量代谢过程,能量、物质的恢复更加充分,从而达到比锻炼前更高的水平,人体各器官系统的功能也得到进一步增强,这是现代运动训练增强人体体质的重要原因。另外,在运动训练时,能量的供应是运动者保持充沛体力和获取良好运动成绩的重要条件。

物质和能量是人体参与运动的基础,在人体生长发育的不同阶段和运动训练中表现出不同的特点。在少年儿童时期,同化作用占优势,人体内物质合成的速度远大于物质分解的速度,从而使得人体不断地生长

第二章 青少年功能性训练的科学理论基础

发育；成年时期，人体内的同化作用与异化作用基本上维持在平衡的状态，新陈代谢旺盛，为人体提供充沛的精力；在老年时期，人体内的异化作用占优势，身体渐趋衰退，衰老加剧，使得老年人体质不断下降。了解不同年龄阶段、不同人群、不同运动状态下，机体的物质和能量代谢情况及规律，有助于运动者更加科学地控制运动训练过程，以获得理想的训练效果。

（二）应激原理

应激是人体对外部强负荷刺激的一种生理和心理的综合反应，当有机体受到异常刺激时，就会产生紧张的心理状态，这种心理状态称为应激。

运动训练中，要想不断提高运动能力，就必须不断提高运动负荷，不断地打破机体对原有负荷的平衡状态，如此循环往复，就能不断提高训练水平。这就是"超量负荷原理"。应激学说是超量负荷原理的生理基础。

（三）超量恢复原理

人体在承受了大负荷的运动之后，能量、物质恢复不仅能达到原有水平，而且达到安静水平后并没有停止，而是继续补充，在一段时间内的能量物质恢复可超过原来贮备水平，比运动前的能量、物质储备量还要多，这种现象叫"超量恢复"。具体来说，运动时体内代谢过程加强，在运动中及运动停止后能量、物质都在不断进行补充和恢复，只是运动中的能量消耗大于补充，恢复曲线呈下降趋势，运动后的体内能量消耗慢而小于补充，恢复曲线呈上升趋势。

超量恢复学说是由前苏联学者雅姆波斯卡娅提出来的。超量恢复现象并不是在恢复期始终存在，而是保持一段时间后又回到原有水平。运动强度的大小对能量消耗有直接影响，同时对超量恢复出现的强弱也有直接影响，运动强度大超量恢复明显，相反则超量恢复就弱或根本不会出现。

超量恢复学说是运动训练学中大运动量训练原理的主要理论依据之一。认识和掌握这种运动效应产生的生理机制，遵循这条训练的规律原则，在体育运动锻炼中，安排好负荷量，把握住超量恢复时机，对于加大运动负荷,达到最好训练效果以及在比赛中取得最佳成绩是尤为重要的。

在现代运动训练中,运动量的大小是超量恢复强弱的重要影响因素。通常来说,现代运动训练中,利用运动超量恢复理论来指导训练时,需要注意以下几个方面:

(1)在一定的范围内,运动量越大,人体内各器官和肌肉的功能动员就越充分,能量、物质消耗得就越多,超量恢复也就会越显著。运动时间短,运动强度不大,不能使机体产生较大的反应,超量恢复则不显著。

(2)进行重复性的运动训练时,要掌握好间歇的时间。间歇时间太短,如果身体正处于疲劳状态,会加重身体的疲劳,对运动者的身心健康产生不利的影响;间歇时间太长,只能保持原来的体质水平,不能达到增强身体机能的目的。

(3)要掌握好两次练习间隔的时间。一般通过测定心率的方法来进行控制,如运动后的心率达到140~170次/分钟,可以等到心率恢复到100~120次/分钟时,再进行下一次运动较为合适。

(4)科学控制运动量。如果运动量过大,超过了人体正常承受的范围,就会使得恢复过程延长,甚至可能会因过度疲劳而对身体健康产生不利的影响;如果运动量过小,身体得不到充分的运动,疲劳程度较小,超量恢复的效果就不显著,甚至不会出现,这不利于获得良好的训练效果。

(四)训练负荷原理

运动训练的目的是提高运动者的身体素质水平、运动水平,这一目的主要是通过运动者在运动训练过程中不断承受和适应训练负荷来实现的。通过机体的不断适应来提高机体的运动能力和对外界(运动负荷)的适应能力,这就是训练负荷原理。

在运动训练中,遵循训练负荷原理应注意以下两点:

(1)根据负荷因素的基本特征,在训练初期,为了尽快进入运动状态,通常以增加负荷量使机体的适应过程逐步实现。在专项训练阶段,以提高负荷强度刺激来加深运动员的机体适应过程。

(2)对于运动员而言,其参与的具体竞技运动项目不同、训练目的不同,训练负荷应有所区别。

(五)训练适应原理

从生理学的角度来看,运动训练过程中机体对训练内容的适应需要经过以下几个阶段:

(1)刺激阶段。训练初期,运动者的机体需要接受来自各方面的各种刺激。

(2)应答反应阶段。在运动负荷的刺激下,运动者机体内部各器官和运动系统的功能产生兴奋,并将兴奋传输到机体各个器官中,最后使整个机体都进入运动状态,以实现机体对外界运动负荷的生物应答反应。

(3)暂时适应阶段。在运动过程中,运动者的机体器官和系统持续接受刺激,并持续对这种刺激作出反应,经过一段时间的运动后,运动者的机能就会进入良好的工作状态,各项生理指标表现稳定。随着运动训练的继续进行,当机体某应答指标不再上升也能承受外部刺激时,表明机体对运动刺激产生了适应。

(4)长久适应阶段。长久适应阶段是使各相应的机能系统和组织器官,在全面增加和系统重复各种外部运动刺激的基础上产生较为明显的身体结构和机能方面的改造。主要表现为机体运动器官和身体机能的完善与协调。

(5)适应衰竭阶段。当运动者对自己的运动安排不科学不合理时,会在运动过程中产生身体某些机能衰竭的情况。例如,不合理地加大运动量导致过度训练引发运动伤病。

根据训练适应原理,运动序列需要长期坚持,这是因为,机体对某一运动负荷形成训练适应后,反应就会越来越小,最终负荷不再能引起机体能力的提高。此时,为了使机体进一步发展,应增加运动负荷使机体产生新的适应。机体的训练就是从不适应—适应—负荷增加后的不适应—再次适应……如此反复,才能提高运动水平。

(六)运动素质转移理论

对于运动者而言,一般运动素质与专项运动素质具有十分密切的关系,它们之间相互影响、相互依赖。运动素质转移现象也会出现在运动训练过程中。运动训练过程中机体运动素质的转移,主要是指某些素质的发展会引起其他素质的发展。为了能够取得理想的训练效果,运动训练者应熟练掌握运动素质转移的基本理论及内在规律。

任何运动项目都需要运动者多种身体素质的共同参与。例如,田径运动中的跳跃和投掷项目,既需要力量,又需要速度,二者结合形成了爆发力;游泳运动则需要力量素质和耐力素质,二者的结合形成了力量耐力。

运动者运动素质转移的决定性因素主要包括有机体的整体性(运动训练者所表现出的同一种运动素质或不同的运动素质,都是在中枢神经系统的支配下发挥各器官系统的综合作用的结果)、动作结构的相似性(运动动作的结构及肌肉各种特征越相似,则运动素质转移的可能性就越大)及能量供应来源的同一性(运动训练过程中,发生运动素质转移多是因为能量供应来源基本相同)。各项运动素质的转移及其关系的生理生化基础是决定运动素质转移的内在机制。

科学运动训练就是要了解运动素质之间的转移规律,促进运动者不同身体素质之间相互促进的良性转移,并最终促进运动者整体运动能力的提高。

二、功能性训练的新陈代谢基础

新陈代谢是生命运动的基础,机体的运动离不开机体的新陈代谢活动。在人们的日常运动中,人体的新陈代谢活动变得比安静状态时更加积极。良好的新陈代谢能为人们从事体力活动和日常运动提供重要的物质保障。

(一)水代谢

水是组成生物体的重要成分,是维持生命所必需的物质。保持体内水分代谢平衡是维持机体正常生命活动的重要保证。通常来说,人体内大部分水分是从食物和饮料中得来的,只有小部分是由体内物质代谢过程中产生的。人体内水的排出形式主要是通过肾脏以尿液的形式排出体外,其次是通过皮肤、肺以及随粪便排出。人体剧烈运动时,体内产热量增加,水分排出及维持体温恒定的主要途径就是出汗。

人们在参与运动训练或从事体力活动时,为了提高自身的健康体适能,应重视机体水分供给变化情况,注意保持机体的水分平衡。

(二)糖代谢

糖是人体重要的营养素,同时也是人体十分重要的供能物质。人体摄取的糖质不管是来自于动物还是植物,都会在消化酶的作用之下,逐渐转变为葡萄糖分子(果糖可直接被吸收,不需经转变)。其中,经小肠黏膜的上皮细胞葡萄糖运载蛋白转运进入血液中的葡萄糖,也就是所谓的血糖。血糖可以合成糖原,成为大分子的糖。一般来说,可以将糖原分为两类,一类是肌糖原,即肌肉中合成并储存的糖原;另一类是肝糖原,即在肝脏中合成并储存的糖原。除此之外,肝脏还能够将体内的乳酸、丙氨酸、甘油等一些非糖质物质合成葡萄糖或糖原,这一过程就是所谓的糖的异生作用。可见,人体中糖的合成代谢是由两个过程组成的,即人体合成糖原的过程和糖异生的过程。

体内的糖原和葡萄糖分解代谢主要是通过有氧氧化过程、糖酵解过程、乙醛酸途径、戊糖磷酸途径等实现的。糖分解代谢过程释放的能量能够满足机体运动对能量的需要。

人们在参与日常运动或从事体力活动期间,机体肌肉中ATP、CP下降,肌糖原无氧分解使功能有一定的增强,肌细胞内钙含量增多。生长激素、甲状腺激素、雄性激素、儿茶酚胺等激素也会发生相应的一些变化,从而对肌细胞产生一定的影响和作用,进而使肌细胞不断地产生适应性变化。因此,在系统的运动之后,机体在运动中消耗的ATP、CP和肌糖原,在运动后的恢复期往往会出现超量恢复的现象,能够有效增加肌肉中ATP、CP和肌糖原含量、提高ATP的无氧再合成的速率,进而增大EK、PFK、磷酸化酶等活性。

在日常运动中,当氧供应充足时,机体的肌糖原或葡萄糖就会被彻底氧化分解成水和二氧化碳,并释放大量能量,这一过程即糖的有氧代谢过程。一般来说,人们参与运动主要通过糖的代谢提供机体运动所需能量,运动后的恢复期或长时间运动过程中,机体又可以重新合成糖来提供所需的能源。

(三)脂代谢

生理学研究表明,脂代谢与人体健康有着非常密切的关系。有规律、有计划的运动能够使机体的脂代谢状况得到有效的改善,而且还能够有效防治人们心血管疾病的产生,提高人体的健康体适能。

脂肪具有疏水性质,要想在体液的水环境中被酶解,就需要借助机体自身的以及随食物摄入的各种乳化剂,形成乳浊液。由此可以看出,脂肪的吸收和转运过程要比糖复杂一些。在机体内部,脂肪的吸收方式主要有两种:一种是小肠上皮细胞直接吞饮脂肪微粒;另一种是脂肪微粒进入小肠上皮细胞,分解产物又重新合成脂肪,形成乳糜微粒,再转移进入淋巴管,经过吸收后扩散入毛细血管。人体吸收的脂肪主要在皮下、大网膜、肌肉细胞中等脂肪组织内储存。除此之外,人体的脂肪还可以通过其他方式进行转化储存,比较常见的有以下几种:

第一,合成磷脂,成为细胞膜的组成成分。

第二,合成糖脂,成为细胞膜和神经髓鞘的组成成分。

第三,合成脂蛋白,存在于血液中。

脂肪分解代谢可为人们提供能量。具体来说,脂肪分解代谢产生的能量能够提供参与多种生命活动过程,能够作为长时间中低强度运动的主要供能物质。人体内贮存的脂肪作为细胞燃料参与供能是通过有氧代谢途径进行的。

(四)蛋白质代谢

蛋白质是重要的生命物质,它是构成机体细胞的主要成分,而氨基酸是构成蛋白质的最小单位。人体组织蛋白质及一些含氮物质总是处在不断的分解与再合成的过程。一般情况下,可以通过测定食物中的氮含量和尿中排出的氮量,来将人体蛋白质的代谢状况确定下来。通常来说,人体蛋白质的代谢状况与组织的生理活动是相符的。

正常成年人体内的蛋白质分解与合成处于一种动态平衡状态,也就是摄入氮等于排出氮,这种状态被称为氮总平衡;正处于生长发育期的儿童少年,其组织细胞中蛋白质的合成大于分解,也就是摄入氮大于排出氮,这种状态被称为氮的正平衡;而饥饿者或消耗性疾病患者的组织细胞中蛋白质的分解会明显加强,也就是排出氮大于摄入氮,这种状态被称为氮的负平衡。

人们在日常运动中,机体的蛋白质代谢主要表现在两个方面:一方面,机体运动时蛋白质可提供一部分能量;另一方面,运动导致骨骼肌蛋白质合成增加,主要外在生理表现为肌肉壮大。

(五)维生素代谢

维生素是维持人体生长发育和代谢所必需的一类小分子有机物。需要强调的是,人体内不能合成维生素。尽管人体对维生素的需求量非常小,但是,维生素也是必需营养,需要通过外部供给。各种维生素在结构上没有共性,通常情况下,以溶解性质为主要依据,可以将维生素分为包括维生素 B_1、维生素 B_2、维生素 B_6、维生素 B_{12}、维生素 C、维生素 PP(烟酸)、叶酸和烟酰胺等在内的水溶性维生素,以及包含维生素 A、维生素 D、维生素 E、维生素 K 等在内的脂溶性维生素两大类。

虽然维生素不是组织细胞的结构成分,也不能直接为机体参与运动提供能量,但它们对机体的能量代谢及其调节过程有着重要的作用。在人体中,大多数维生素都会参与辅酶的组成,因此,如果缺乏维生素就会对酶的催化能力产生影响,引起代谢失调,从而使机体运动能力有所降低,影响健康体适能。

如果人体内缺乏维生素,就会影响其机体内部酶的催化能力,从而导致机体的代谢失调,进而影响机体的运动与活动能力。但是,过多地摄入维生素,并不会提高人们活动与运动能力,反而会影响健康体适能的水平。

(六)无机盐代谢

无机盐大量存在于人所摄入的食物中。不同的无机盐被人体吸收的程度也有所不同。比如,人体吸收很快的是钠、钾、铵盐等一般单价碱性盐类;人体吸收很慢的主要是多价碱性盐类;而人体不能吸收的主要是硫酸盐、磷酸盐和草酸盐等能与钙结合而形成沉淀的盐,如 3 价的铁离子不易被吸收,要想增进其被吸收率,就需要与维生素 C 有机结合起来,因此维生素 C 能够使高价铁离子被还原为 2 价的亚铁离子,从而促进人体对铁的吸收。

无机盐在人体内的存在形式主要是磷酸盐,其主要在骨骼中存在(如钙、镁、磷元素等)。作为结构物质,其他少量的无机盐(如钙、镁)的存在形式主要是离子。在体液中解离为离子的无机盐,称为电解质,其在调节渗透压和维持酸碱平衡等方面有着非常重要的作用。体液中离子有阳离子和阴离子之分,这些物质在人体的细胞代谢活动中和体适能提高中具有十分重要的作用。

三、功能性训练的机体系统供能

人体的能量代谢对人体的各种运动能力和机能水平具有决定性的影响。一般情况下,把人体能量代谢分为磷酸原供能系统、糖酵解供能系统和有氧氧化供能系统三大系统。

(一)磷酸原供能系统

在供能代谢中,ATP(三磷酸腺苷)、CP(磷酸肌酸)都通过高能磷酸基团的转移或水解释放能量。通常,把 ATP、CP 这种含有高能磷酸基团的物质称为磷酸原,将 ATP、CP 分解释放能量和再合成的过程,称为磷酸原或 ATP、CP 供能系统。

ATP 是人体内瞬时能量的供体,而不是能量的贮存形式。运动时,肌肉内 ATP 分解直接供能,这是人体内能量代谢的中心环节。ATP 水解的放能反应可以为各种需要能量的生命过程供能,完成各种生理功能,如肌肉收缩、生物电活动、物质合成及体温维持等。

具体来说,磷酸原系统供能特点大致为:供能总量不大,持续时间很短。但是它供能快速,是细胞唯一直接利用的能量来源,其能量输出的功率最高。

(二)糖酵解供能系统

当机体运动持续的时间在 10 秒以上且强度很大时,磷酸原系统能供给的能量就无法使机体所需能量得到满足。这时,以支持运动所需的 ATP 再合成的能量就主要靠糖原酵解来提供,而不能靠磷酸原系统供给。

肌糖原是糖酵解的原料,强烈的运动中可分解供能并产生乳酸。作为一种强酸,乳酸在体内积聚过多会对内环境的酸碱平衡产生一定的破坏作用,使肌肉工作能力下降,造成肌肉暂时性疲劳。无氧酵解供能时,不需要氧,但产生乳酸,因此,被称为乳酸能系统。在缺氧情况下仍能产生能量,以供体内急需,是其重要的生理意义。

人体在氧供应不足的条件下,骨骼肌糖原或葡萄糖酵解,生成乳酸并释放出能量合成ATP,从而使运动中消耗的ATP得到有效的补充,维持运动的继续进行。在无氧情况下,1摩尔或180克糖原理论上可产生2摩尔或180克乳酸及3摩尔ATP。这种糖经过一系列代谢反应生成乳酸,并释放能量的过程,就是所谓的糖酵解途径或糖酵解供能系统,此过程是在细胞质中进行的一连串复杂的酶促反应。

磷酸原系统和糖酵解系统供能过程都是不需要消耗氧的无氧代谢过程,它们是人体运动时的无氧代谢供能系统的重要组成部分,为短时间人体进行极量运动提供所需的能量。在高强度运动中,随着ATP、CP迅速消耗,糖酵解供能过程在数秒内即可被激活,当运动持续30秒钟左右时其供能达最大速率,可维持1~2分钟,随后供能速率下降,其主要表现为运动强度下降。

(三)有氧氧化供能系统

人体在参与运动的过程中,当氧的供应充足时,运动所需的ATP便主要由糖、脂肪的有氧氧化来供能。有氧氧化能提供大量的能量,从而使肌肉较长的工作时间得到有效的维持,这种有氧氧化供能系统就是所谓的有氧氧化系统。

有氧氧化系统是人进行长时间耐力活动的主要耐力系统。有氧代谢能力和人体心肺功能有着密切的关系,是耐力素质的基础,是健康体适能提高的关键。

四、功能性训练的生理机能表现

作为一个有机统一体,在日常运动中人们的生理机能表现是多方面的,如呼吸、血液循环、心率等,这里重点阐述呼吸与血液循环。

(一)呼吸

呼吸是人体的基础生理活动,人体在新陈代谢的过程中会不断地从外界环境摄取氧气,同时排出二氧化碳,这种机体与外界环境之间的气体交换过程就是呼吸。其过程具体如下:

1. 外呼吸

外呼吸指的是外界环境与血液在肺部实现的气体交换,包括肺通气和肺换气。其中,肺部与外界环境之间的气体交换过程叫做肺通气;肺泡与肺毛细血管之间的气体交换过程叫做肺换气。肺通气通过呼吸道、肺泡、胸廓和胸膜腔等结构来实现。呼吸道是气体进出肺泡的通道,肺泡是肺进行换气的场所,而胸廓的节律性呼吸是实现肺通气的原动力。

2. 气体运输

气体运输指的是肺在换气以后,血液载氧通过血液循环将氧运送到组织细胞,同时将组织代谢产生的二氧化碳输送到肺部的过程。经过肺换气和组织换气之后,扩散进入血液的氧与二氧化碳由血液进行运输。气体在血液中的运输形式包括物理溶解与化学结合,其中的大部分是以化学结合的形式进行运输的。物理溶解的量虽然不多,但是非常重要。由于进入血液的气体要首先溶解在血浆中,之后再与血液中的化学成分相结合;结合的气体应该先溶解后才能从血液中溢出。在生理范围之内,气体的溶解状态与结合状态保持动态的平衡。

3. 内呼吸

内呼吸指的是人体组织毛细血管中的血液与组织及细胞之间的气体交换(又称"组织换气"),有时也可以将细胞内的生物氧化过程包含在内。

呼吸是一种节律性的活动,呼吸的深度与频率随着机体新陈代谢的水平而发生变化。在日常运动或进行体力活动过程中,随着运动强度的增加,人的呼吸也会不断加深加快,这些过程都是通过神经和体液因素共同调节最终得以实现的。

(二)血液循环

血液由血浆和血细胞组成。血浆呈淡黄色,含有大量水分、蛋白质、多种电解质、小分子有机物、氧和二氧化碳等。血液具有血量、比重与黏滞性、渗透压等理化特性。

血液是由血浆和血细胞所组成的流体组织,它在心血管系统中进行循环往复的流动,具有沟通内外环境、联系机体各部分的作用,并且在机体里起着物质运输、调节体温以及维持血浆的酸碱平衡等作用。

第二节　运动心理学基础

一、运动训练的心理过程

（一）感知过程

人对事物进行认知的第一步就是感知。感觉和知觉有共同的特点，都是人脑对直接作用于感觉器官的客观事物的个别属性和整体的反映，是认识的开端和起点。但是，感觉和知觉这两种认识过程是完全不同的。

（1）感觉。在事物的直接影响下，脑对事物个别属性的反映，就是所谓的感觉。日常的听声、看色、嗅味、感到凉爽、觉察运动等都属于感觉的范畴。

（2）知觉。受事物的直接影响，脑对事物整体的反映，就是所谓的知觉。运动康复保健过程，实际上也是运动员对不同技术动作的学习和练习过程，这一过程对运动者的感觉和知觉都有较高的要求，并且要将这些充分利用起来。

（二）思维过程

事物的本质属性和内部规律性在人脑中的反映，就是思维。一般地，对于良好的思维能力的界定，是指具有良好的敏捷性和灵活性的思维。

思维与运动两者之间是相互影响和相互促进的。一方面，系统、科学的体育运动训练对于活跃运动者的思维具有一定的促进意义；另一方面，良好的思维对于运动者更加清晰地了解、理解运动原理、规律、过程、特点，对于运动者较快掌握运动技术、获得运动效果都是有所助益的。

（三）记忆过程

记忆，在日常生活、工作和学习中都是非常重要的事情，没有记忆，就无法从事工作、学习和生活这些活动。因此，对记忆进行研究是非常重要且必要的。

记忆的类型有很多，运动记忆是其中之一。运动记忆与人体肌肉活动的关系非常密切,这也就决定了其与其他的记忆类型是有所差别的。在运动过程中,运动表象是人的认识和记忆过程的一个重要因素。一般地,可以将运动表象分为两种类型,一种是内部表象,其实质是动觉表象或者肌肉运动表象;一种是外部表象,其实质是视觉表象。

在运动康复保健过程中,对动作的记忆过程具有一定的复杂性,具体来说,就是一个对动作表象进行信息加工并储存的过程。

(四)情感过程

人对客观事物的体验是不同的,关于是否符合自己需要方面的体验,就是所谓的情感。情感有积极和消极之分,其中,当客观事物能满足自己的需要时,便产生积极情感;而当客观事物不能满足自己的需要时,便会产生消极情感。

从运动实践中可以得知,经常进行运动康复保健训练,能使运动者在应激的状态下,进行非常迅速的反应,过去做动作的经验能很快地改变有机体的激活水平,进而引起相应行动反应。

人的情绪和精神状态严重影响着运动者的运动康复保健。积极的情绪和精神,使人在运动康复保健中精力十足,也往往会取得比较理想的效果,而消极的情绪和精神则会对人的运动康复保健产生不利影响。

(五)意志过程

意志,是一种特殊的心理过程,具体来说,主要是指人为了实现确定的目的,而支配自己的行为,并在运动时自觉克服困难的心理过程。

运动是由一系列的动作构成的,是受意志支配的。运动过程,伴随着消耗巨大的生理能量,需要注意力高度集中、紧张而迅速的思维、多变而强烈的情感体验等。意志是个体参与运动时提高运动效果和成绩的巨大精神力量。

在运动康复保健中,运动者必须将自己的主观能动作用充分发挥出来,培养自我坚强的意志品质,以克服各种运动困难,很好地学习掌握运动技能、强身健体,提高运动水平,改善机体状态。

二、运动训练动机

（一）运动训练动机的概念

运动训练动机主要是指运动员为了获得一定的训练效果，提高自身运动能力，取得良好的竞技运动成绩而参与训练的动力。运动训练动机不是一成不变的，而是随着运动员竞技能力的提高而发生变化的。运动员只有在训练中保持较高的动机水平，才能充分调动自己身体的积极性，投入到比较艰苦的训练当中来，从而为提高自己的竞技运动成绩而不断努力。

（二）运动训练动机的类型

运动员参加训练和比赛的动机有很多，根据不同的划分标准，可以将运动训练动机划分为以下几种类型。

1. 生物性动机和社会性动机

生物性动机指为了满足自身获得运动刺激、运动愉快感和宣泄身心能量等生理性需要，而参加体育运动训练的动机。这一动机属于个体化的动机，在个体参与运动训练的方方面面都起着重要作用。运动个体如果在运动的过程中不能获得兴奋和宣泄，就会在一定程度上产生心理烦躁、行为不安、注意力与情绪难以控制等现象。因此，教练员在安排运动员运动训练的过程中，要注意内容与方法的选择，尽量将训练活动安排得生动、活泼，以满足运动员的生物性需要。

社会性动机是指为了满足在运动训练和比赛中得到施展运动技能、获得友谊、赢得荣誉等社会性需要而进行运动训练的动机。这一动机既注重交往又注重声誉，是人们在后天的学习过程中逐渐形成的动机。一般情况下，这种动机都比较持久，对运动员自身素质的发展和提高具有较大的推动作用。因此，在平时的训练过程中，运动员应互相帮助，既有竞争又有合作，以充分满足自己的社会性需要。

2. 内部动机和外部动机

根据运动员的心理动因主要由自身内在需要转化而来，还是由外界条件诱发而来的标准划分，可以将运动动机划分为内部动机和外部动机两大类。来自运动员自身寻求训练乐趣、训练成就感、荣誉感和自我实现等心理需要的动机,都属于内部动机;而由运动员自身之外的诱因转化而来的动机,如竞争对手的称赞、教练员的鼓励、比赛胜利的奖励和荣誉等都属于外部动机。

相比于外部动机,内部动机对个体参与体育活动的影响力更为广泛和持久。因为由内在需要所引发的活动本身就可以使个体得到某种满足,不需要借助外力的作用。因此,内部动机是富有积极推动作用的心理动力。而外部动机相对来说对运动员的影响较小且不持久。如外部奖励一旦消失,其动力作用就会逐渐减弱,这种情况下,外部动机就难以再发挥有效的作用。但需要注意的是,对于动机缺乏的运动员而言,外部动机是一个有效激发运动员参与训练的重要手段。

外部动机与内部动机之间有着非常密切的关系,外部动机对内部动机的影响要一分为二地看待,其影响既可以是积极的,也可以是消极的;既可能加强内部动机,也可能削弱内部动机。这主要取决于外部奖励的机制及执行情况。如果奖惩得当,则能产生理想的激励效果;反之,则有可能破坏内部动机,获得不良后果。

3. 直接动机和间接动机

根据运动员的心理动因是指向运动训练的过程,还是指向运动训练的结果,可以将运动动机分为直接动机和间接动机。心理动因指向运动训练的内容、方法或组织形式等当前或直接特征的动机,是直接动机;如果指向运动训练可能带来的训练效果等特征的动机,主要是指间接动机。

直接动机与运动员直接参与运动训练相联系,动机内容相对具体,行为的直接动力作用较大,是推动运动员参加运动训练的有效力量。但当运动训练内容具有一定难度,需花较大、较长时间的努力才能学会和掌握,或运动员对某一练习方法、形式产生单调感、枯燥感时,直接动机作用就显露出自身的弊端。

间接动机虽然与当前运动训练的直接联系较少,但它与长时间运动训练后产生的最终结果和社会意义相联系,其影响持续的时间比较长,能使个体更自觉、更持久地参加运动训练。因此,直接动机和间接动机之间是相互补充和相互促进的作用。

4. 享有性动机和匮乏性动机

享有性动机主要是以体验乐趣、获得满足、渴望理解以及有所发现

第二章 青少年功能性训练的科学理论基础

和成就为特征的动机,主要是以获得满足或者寻求刺激为目的,主要是一种增强性动机,如观看恐怖电影、玩电子竞技游戏、到户外进行探险等,都是在寻求一种刺激。对于运动员而言,不断提高运动训练的强度,寻求更好的训练成绩,是一种享有性动机,可以促进运动训练过程的进行。

匮乏性动机主要是以排除缺乏、制止破坏、避免威胁以及逃避危险为主要特征的动机,例如运动员在运动训练开始之前,为了逃避枯燥的训练而诈伤,为了保持自己在队中的主力位置而进行刻苦训练等,这些都属于匮乏性动机。

(三)运动训练动机的作用

运动训练动机对运动员参与运动训练具有非常大的作用,包括激发运动训练行为、指向运动训练目标、调节运动训练过程等作用。

1. 激发运动训练行为

众所周知,动机具有激发人的各种行为的作用,它是个体能动性的一个主要方面,并能推动个体向前发展。例如,强烈的成就动机可以激发运动员积极主动地参加到运动训练中来,从而获得理想的比赛成绩。

2. 调节运动训练过程

一般情况下,当人的某种活动受到动机的驱使以后,动机将会按照最终目标继续维持着这种活动进行下去,并调节着活动的强度和持续时间。如果最终目标达成,那么动机将会终止人的这种活动;如果最终目标未达成,动机将驱使有机体维持或加强这种活动,或转换活动方向以达到既定的目标。

在运动训练过程中,运动员参加运动训练的动机会激发运动员参加运动训练的过程,当运动员在训练过程中遇到困难时,强烈的运动训练动机可以帮助运动员去克服这些困难,朝着自己的训练目标去努力,从而实现运动训练的目标。

3. 指向运动训练目标

动机能驱使人选择一定的目标,驱使人的行为指向该目标。例如,成就动机可以驱使一名运动员把夺得比赛的冠军作为训练目标。在运动训练过程中,需要确立一定的运动训练目标,通过动机的指向作用,不断进行训练。但需要注意的是，不同的运动训练动机，会使运动员所追求的运动训练目标不相同。

三、心理因素对运动训练的影响

在运动训练中，良好的心理因素起着关键作用，运动员只有具备良好的心理素质才能更好地完成训练任务，达到训练目标，取得优异的成绩。

下面主要就智力、情绪及意志等心理因素对运动训练的影响进行分析。

（一）智力对运动训练的影响

人的身体活动能力会受到智力的影响，智力与身体活动能力的相关性会随着年龄的增长而减弱，但这种相关性不会消失，始终存在。在运动训练中，运动员的记忆力是否精确、观察力是否敏锐、想象力是否丰富以及思维是否迅速等都会影响运动训练的效果。此外，有些运动项目极富表现力，如健美操、体育舞蹈等，在这些项目的训练中，运动员还需要具备良好的创造能力，从而提高动作表现力，提高训练水平。

（二）情绪对运动训练的影响

在运动训练中，运动员是否具有活力、运动能力能否正常或超常发挥，直接受运动员情绪的影响。有些运动员情绪良好，所以精神饱满，能够全身心投入运动训练中，并坚持不懈地完成训练任务，挑战更好的成绩；而有些运动员在运动训练中情绪低落，无精打采，也无法将注意力集中到完成训练任务上，无法正常发挥自己的运动水平，导致运动效果低下。

此外，某一运动员情绪低落可能还会影响到其他运动员的情绪，甚至会导致整个运动队精神不振，因此教练员必须时刻注意运动员的情绪，积极进行开导，使运动员热情地投入到运动训练中，在欢乐融洽的氛围中进行训练，这有利于提高运动训练效果。

（三）意志对运动训练的影响

运动训练对培养运动员良好的意志品质非常有利，反过来，坚强的意志品质也会给运动训练带来积极的影响,主要表现在能够使运动员对动作技能的掌握更加熟练,促进运动员竞技能力和运动成绩的提高。

具体来说,意志因素对运动训练的影响主要从以下几个方面体现出来:

第一,运动训练的目的是提高运动员的运动水平,使其能够在比赛中取得优异的成绩。因此在运动训练中必须不断增加运动强度,提高运动员的机体适应能力,从而使运动员获得并保持与比赛要求相符的运动能力。运动强度不断增加对运动员来说是一个挑战,只有具有坚强意志的运动员,才能不断挑战更高的训练难度,完成难度更大的训练任务,从而取得理想的训练效果。

第二,运动员需要将注意力高度集中于运动训练中,从而更好地完成练习动作,这就需要运动员在训练过程中克服内部刺激与外部环境的影响与干扰,而这离不开运动员的主观意志努力。

第三,运动员在运动训练中难免会出现运动疲劳的问题。疲劳会使运动员的运动情绪下降,如果运动员意志不坚定,就会因不良情绪的影响而无法坚持完成训练,而只有意志坚强的运动员才能努力克服不良情绪,使自己以饱满的状态继续训练。

第三节 运动训练学基础

一、运动训练的基本要素

(一)运动持续的时间与运动强度

一次运动锻炼期间所消耗的时间就是运动持续时间。单位时间里移动的距离或者所消耗能量的多少就是运动强度。在很大程度上,运动强度能对运动的剧烈程度做出反应,是运动量的一项构成要素。从生理学的角度来分析,运动训练与所取得的效果之间有着密切的关联。

(二）练习次数与训练频度

在一次运动训练中的重复次数就是所谓的练习次数。一周的训练天数就是训练频度。运动训练过程中，训练目的、运动形式以及运动参与者运动水平等多种因素，都会不同程度地影响训练的次数与训练频度。研究表明，对于初次参与运动训练的练习者，隔天训练的效果要比每天进行训练的效果更好。运动参与者负荷量的大小以及当前的体适能状况可以作为决定运动训练频度的参考依据。

（三）运动量

运动量包含运动强度与运动的持续时间这两项因素，运动量就是二者的乘积。对于任何一种运动项目来说，三者之间的关系为"运动量＝平均运动强度 × 运动持续时间"。而在一段时期内训练的运动总量除了运动强度与运动持续时间之外，还应该考虑这段时期的运动训练频度，即"运动总量＝平均运动强度 × 运动持续时间 × 训练频度"。

合理安排运动量的问题在运动训练中是需要引起重视的，运动效果的好坏以及运动后体适能的水平一定程度上取决于运动量的大小。如果运动量没有达到一定程度，就不能够实现提高相应器官功能的目的，健康体适能的提高也就不会明显；而如果运动量超过了合理的限度，不仅不能够提高健康体适能，甚至还会对运动参与者的身心健康造成不利影响。

二、运动训练负荷的安排

（一）运动负荷的基本要素

运动负荷的基本要素包括运动负荷强度、负荷时间以及负荷积分，三个基本要素之间是相互区别又相互联系的。

1. 负荷强度

因为运动负荷的刺激作用而产生的人的整个生理机能反应幅度或者程度就是所谓的负荷强度。通常情况下，负荷强度和运动强度之间的关系是成正比的，即运动强度越大，所产生的生理负荷强度越大。

第二章　青少年功能性训练的科学理论基础

2. 负荷时间

机体在整个运动过程里持续负载运动负荷的时间就是所谓的负荷时间。通常情况下,因为运动前的状态以及其他因素的影响,导致负荷的时间增加,加之运动停止以后的生理机能恢复需要一定的时间,从而使实际中的负荷时间常常要比运动的时间长。但是在一般的情况下,负荷时间特指的是运动阶段的负荷时间。

3. 负荷积分

运动当中生理负荷随着负荷时间的变化而变化的函数关系就是所谓的负荷积分,负荷强度与负荷时间的积分是负荷积分的本质。运动的负荷量能够通过负荷积分反映出来,人体运动生理负荷机能潜力也能够通过负荷积分反映出来。

(二)运动负荷的合理安排

运动水平的提升,健康体适能的获得与提高需要通过大强度的运动训练来实现,运动的实践也充分证明了这一点。但是,单纯地追求运动训练的强度也会导致运动损伤的发生,从而不利于获得健康体适能。因此,运动参与者在运动训练过程中应该对运动的负荷进行科学监测与合理控制。

1. 安排运动负荷的基本要求

以适宜负荷下的机体生物适应现象与过度负荷下机体的劣变现象为根据,运动参与者在运动训练中的负荷安排应该坚持适宜的原则。坚持适宜原则有利于实现高水平的运动能力,有利于提高运动参与者运动训练的可接受性,有助于运动参与者各种能力产生定向性变化,最终有助于提高运动者的健康体适能。具体在坚持适宜原则过程中要做好以下两点:

(1)运动训练负荷的强度与量维持合理的比例。

(2)运动负荷安排要有合理的衔接以产生后续效应。

2. 探求负荷量度的临界值

运动个体负荷量度临界值的大小不仅和运动参与者的身体发育情况、运动训练水平等有很大的关联,同时也会受到多种因素的影响,如运动参与者健康状况、心理素质等。因此,运动负荷的监测需要有相应的科学依据,从而对运动者负荷量度的临界值进行科学把握。此外,当运动参与者对自身的负荷极限还没有充分的认识时,训练的过程中要注意避免运动损伤以及运动疲劳现象产生,以免降低健康体适能。

3. 合理安排运动训练的负荷

相关研究表明,一般人运动训练的最佳强度保持在120～140次/分钟的心率之间,而保持这一强度的时间应该占每次运动训练总时间的2/3左右。当运动者心率在110次/分钟以下时,机体的血压、血液成分、尿蛋白以及心电图等变化并不明显,此时就不能够获得很好的运动效果;当心率在130次/分钟的运动负荷时,运动者心脏的每搏输出量接近或者达到了一般人的最佳状态,这时运动训练所取得的效果最好;当心率在150次/分钟的运动负荷时,运动者心脏的每搏输出量开始逐渐下降;当心率增加到160～170次/分钟时,这时虽然没有出现不良的反映,但是也不能表现出很好的运动训练效果。因此,一般情况下将心率在110～150次/分钟的区间定为运动负荷有效价值域,把心率在120～140次/分钟的区间定为运动负荷的最佳价值域。运动者在运动训练过程中科学安排运动负荷,对于健康体适能的获得具有非常重要的作用。

第三章　青少年身体各部位的动作模式训练指导

青少年在进行身体功能性训练时,一定要注意身体各部位的全面发展和提高,这是非常重要的。只有身体各个部位获得了共同发展,体能素质才能上升到一个新水平。本章重点阐述青少年身体各个部位(上肢、下肢、躯干)动作模式的训练方法,以为青少年的功能性训练提供必要的指导。

第一节　上肢动作模式训练

一、上肢动作模式训练的价值

(一)降低上肢运动的损伤

通过 FMS、SFMA 等手段进行身体运动功能动作诊断,可以综合评价人体灵活性和稳定性,发现人体动作的代偿和不对称性,采取针对性训练,降低人体运动损伤风险。对上肢功能诊断而言,主要目的是找出双侧肩关节、上臂、前臂是否存在薄弱环节,以及是否存在能量传导泄漏等问题,然后进行基本动作模式训练,纠正不均衡性动作,从而降低上肢运动损伤的风险。

除了上述纠正性的基本动作模式练习,在设计专项或特殊的发展性力量动作模式练习中,通常要把握好下列几个因素:在两侧上肢均衡性发展的前提下,提高关节的灵活性、肌肉韧带的延展性、主动肌与拮抗肌的对称性、主动肌与协同肌的协调性,以及小肌肉群的辅助性。

正确的上肢力量动作模式练习,会给人体带来生理学意义上的积极适应,如骨密度增加、关节稳定度增强、肌肉力量提高、本体感觉灵敏等,这些也会降低上肢运动损伤的风险。举例来讲,在投掷或者挥击动作中,手臂便会自肩关节旋转,而强壮的肩带肌肉能使手臂更容易活动,力量更强,减少了脱臼及肩袖撕裂的危险。强壮的肱三头肌能保护肘关节,吸收冲击力,减轻肘关节所受到的突然性冲击力,如跌倒手撑地、骑自行车时肘关节所受到的震动等。

(二)提高上肢动作的效率

从生理学角度分析,经过合理的上肢动作模式训练,可以在做每次上肢推或拉的动作时募集更多的肌纤维参与收缩,从而提高动作的效率。经过训练后,上肢的本体感觉会有所提高,增加了动作的准确性,提高了动作的效率。

从训练学角度分析,合理的动作模式除了强调多关节、多维度的运动外,还要求剔除掉不正确的动作,根据需要合并、重组、简化多个动作,以提高上肢的动作效率。以"站姿－双手持哑铃上举"的动作模式为例,练习的主要目的是发展上肢力量与肩关节稳定性,起始姿势为双手反握哑铃,屈肘于胸前,在上肢垂直上推的过程中,前臂外旋,最终双臂同时将哑铃推至头顶上方,同时保持好躯干的稳定。在做这个动作时,如果双肘外展,斜向上推,应给予修正。对上肢而言,这个练习包含了肩部、上臂、前臂和腕关节等多个部位的单纯练习,肢体运行路线简单且符合解剖学原理,是一个提高上肢动作效率的例证。

(三)符合人体审美与运动需要

上肢动作模式练习可以塑造出完美的上肢线条,能够使你看上去更加健康、强壮。如果你的肱二头肌和肱三头肌筋肉分明,一般人就会认为你的其他肌肉也经过了"雕琢锤炼"。确保上肢肌肉强壮,全身都会受益。如果上肢赢弱,肩肌腱袖虚弱,肩关节后方的肌肉就会被前方的肌肉拉扯,肩膀会因此向前弓,造成体型萎靡。

强壮有力的上肢肌群不仅有利于健美体型的完善,而且有利于提高握力、支撑力和完成各种训练动作的能力,对身体各部位肌肉的力量增长都大有裨益。在竞技运动中,除跑跳、足球、滑冰、滑雪等项目外,体育项目中大多数都以手臂为主导,强壮的上肢肌肉与精细的手部活动必不可少,需要进行专门性的训练来提高。

二、上肢推动作模式训练的方法

(一)杠铃练习

1. 杠铃卧推

仰卧于练习凳上,两手握持杠铃,缓慢降低杠铃于胸部上,肘关节不要低于肩部的水平面,推起杠铃时要时刻保持双脚触地,躯干、臀部和肩部紧贴在练习凳上,运用胸肌、肩和上肢的肌肉共同发力,动作要有爆发力。练习2～3组,每组做8～12次,组间间歇1分钟。

2. 坐姿杠铃颈前推举

坐在练习凳上,双脚自然分开,双腿控制身体的稳定,挺胸收腹,拔背立腰,双手正握持铃比肩稍宽,将杠铃置于颈前,推举时,躯干保持稳定,避免身体后仰,肘关节垂直向上快速推举杠铃。练习2～3组,每组做8～12次,组间间歇1分钟。

(二)壶铃练习

1. 斜上举壶铃

坐于垫上,背靠瑞士球,双手持壶铃于胸前,挺髋,腰部挺直,保持臀部悬空,双臂上举壶铃,还原。练习时要防止球向后滑动。练习2～3组,每组做8～12次,组间间歇1分钟。

2. 交替卧推

仰卧于垫上,双手各持一个壶铃,双臂交替上举壶铃,上举时手臂伸直,快举慢放,同时躯干稍微转动。练习2～3组,每组做8～12次,组间间歇1分钟。

3. 俯身臂屈伸

两腿直立,双脚站在平衡盘上,一只手扶瑞士球使身体保持平衡,另一只手握住壶铃,弯曲手臂;向后方提起壶铃,前臂与地面平行并保持2～3秒,左右手交替进行。练习2～3组,每组做8～12次,组间间歇1分钟。

4. 壶铃耸肩

两脚站立在平衡盘上,双手在体侧各握一只壶铃,尽可能地向上提起肩膀,肩膀之外的部位不要动,然后放下,回到最初的位置。练习2～3组,每组做8～12次,组间间歇1分钟。

5. 单臂壶铃摆举

两腿屈膝站立,单手持壶铃于双腿之间,上体自髋部前倾,背部保持平直,手臂伸直,向后摆动壶铃,然后伸展髋、膝、踝三个关节,向前摆动壶铃至与胸部同高,左、右手交替进行。练习2～3组,每组做8～12次,组间间歇1分钟。

6. 肩上推举

正坐于瑞士球上,持壶铃于肩部位置,背部挺直,将壶铃从肩膀位置快速上推至手臂伸直,快举慢放。练习2～3组,每组做8～12次,组间间歇1分钟。

(三)哑铃练习

1. 体前哑铃推举(坐姿)

坐在瑞士球上,上体保持正直,双手握住哑铃(掌心向前)并举过肩部,双臂向上推举哑铃,直至双臂伸直,双臂举到顶端静止1～2秒,然后缓慢还原。动作完成时间为1～2秒,还原时间为3秒。练习3～5组,每组做8～12次,组间间歇1分钟。

2. 平板哑铃卧推

躺在瑞士球上,双脚自然分开,双手掌心相对握住哑铃,并将哑铃静止;两脚自然放置,确保身体稳定,双手同时将哑铃推至最大伸展位置,手臂伸直;然后慢慢弯曲双臂使哑铃降低至胸部两侧。动作要缓慢并且流畅。向上运动阶段应呼气,向下运动阶段应吸气。动作完成时间为1～2秒,还原时间为3秒。练习3～5组,每组做8～12次,组间间歇1分钟。

（四）弹力带练习

1. 过头牵拉

两脚前后开立并分别踩在平衡盘上，两臂抬起，大臂固定小臂后屈，肘关节尽量靠近头部两侧，两手在脑后握弹力带；保持躯干固定，缓慢向前上方牵拉弹力带，直至两手臂拉直，静止1~2秒后，缓慢还原到初始位置。动作完成时间为1~2秒，还原时间为3秒。练习3~5组，每组做12次，组间间歇1分钟。

2. 屈臂前上推举

两脚前后开立并站在平衡盘上，前腿稍屈膝，身体背对固定端，两手分别抓住弹力带的一端，固定在头部两侧；躯干保持固定，缓慢地向前上方牵拉弹力带，直至手臂在前上方伸直，静止1~2秒后，缓慢还原到初始位置。动作完成时间为1~2秒，还原时间为3秒。练习3~5组，每组做12次，组间间歇1分钟。

3. 直臂前上举

两脚平行开立并站在平衡盘上，踩住弹力带中部，两手分别抓住弹力带的一端，手臂向下伸直并贴于身体两侧；躯干、肘关节、腕关节固定，直臂缓慢地经体侧向前牵拉弹力带，直到双臂与地面持平，静止1~2秒后，缓慢还原到初始位置。动作完成时间为1~2秒，还原时间为3秒。练习3~5组，每组做12次，组间间歇1分钟。

（五）实心球练习

1. 球上俯卧撑

两脚分开与肩同宽，双手置于实心球上，身体成俯撑姿势并成一条直线，腹部紧张，手掌根压球，上臂屈的过程中尽量放慢速度，推起时迅速爆发完成俯撑动作，慢下快起。练习3组，每组做20次，组间间歇2分钟。

2. 俯卧撑两手间传接球

俯卧撑姿势，左手按压在实心球上，腹部紧张，手掌根压球，在俯卧撑推起时将实心球推向右手，同时快速将身体推起，慢下快起，练习时身体要挺直和保持稳定。练习3组,每组做10次,组间间歇2分钟。

3. 下肢实心球支撑俯卧撑

两脚分开,脚尖分别置于实心球上,两手撑地,形成俯撑动作,身体挺直,腹部紧张,上臂屈的过程中尽量放慢速度,推起时迅速爆发完成俯撑动作,慢下快起。练习3组,每组做20次,组间间歇2分钟。

(六)瑞士球练习

1. 脚尖贴球直线撑

双手撑于垫上,双脚置于球上,身体挺直,慢慢移动双脚到球顶,保持双脚尖触球,身体撑起并保持平直。练习3~4次,每次做15~20秒,次间间歇1分钟。

2. 屈膝撑球俯卧撑

双膝跪于垫上,上体保持正直,双臂伸直扶球的后上部,保持球不动,双手撑住球,身体前倾贴球做俯卧撑、背部、髋部及大腿成一条直线。练习3~4组,每组做15~20次,组间间歇1分钟。

3. 侧卧直腿撑起

侧卧于垫上,一只臂屈肘撑地,另一只手臂放于体侧,两脚伸直并拢搭在瑞士球上,髋部向上发力使身体抬起,单肘撑地保持平衡,腹部和大腿紧张,腿伸直,控制身体平衡,脚在球上保持稳定,同时注意呼吸、平衡。练习3~4组,每组做15~20次,组间间歇1分钟。

4. 脚背贴球俯卧撑

两臂伸直撑于垫上,两腿自然并拢搭于瑞士球上,两手略宽于肩成俯卧撑姿势,两手撑地起,身体保持平直,做俯卧撑,同时注意呼吸和平衡。练习3~4组,每组做15~20次,组间间歇1分钟。

5. 俯卧侧上举哑铃

俯卧于瑞士球上,肩部稍超出球,胸部贴球,两腿自然分开,脚尖撑地,两手由体侧向头上方移动,两臂缓缓向外张开,至两臂在头上成120°,背部肌肉紧张,身体重心稳定,同时注意呼吸、背部挺直、平衡。练习3~4组,每组做15~20次,组间间歇1分钟。

6. 俯卧上举哑铃

俯卧于瑞士球上,肩部稍超出球,胸部贴球,两腿自然分开,脚尖撑地,持哑铃直臂侧平举,由体侧经弧线做头前举动作,背部肌肉紧张,身体重心稳定,同时注意呼吸、背部挺直。练习3～4组,每组做15～20次,组间间歇1分钟。

7. 双球俯卧撑

两手直臂撑于两个并排的瑞士球上,脚尖撑地,身体保持挺直,然后做俯卧撑,保持身体稳定,还原成开始姿势。练习3～4组,每组做15～20次,组间间歇1分钟。

三、上肢拉动作模式训练的方法

(一)杠铃练习

1. 杠铃直立上提(杠铃直立划船)

两脚开立与肩同宽,保持腰背挺直,腹肌收紧,双手正手握持杠铃,将杠铃置于大腿前方,双手距离比肩稍宽;肩部发力,垂直向上拉起杠铃至下颌位置,尽可能抬高肘部,稍作停顿,将杠铃缓慢放下至初始位置。练习时要保持身体的整体稳定,杠铃重量要适中,并靠近身体重心。练习4～6组,每组做8～10次,组间间歇90秒。

2. 坐姿杠铃颈后臂屈伸

坐在长凳前端,窄握杠铃,将杠铃举至头后,双臂弯曲,但两肘并不锁紧;上臂发力,上举杠铃,稍稍停顿后,缓缓向颈后放下杠铃,还原成准备姿势,肘关节在发力和还原阶段都要保持向前,否则不但不能锻炼肱三头肌,还很容易造成肘关节损伤。练习时最好选用曲柄杠铃,以便集中锻炼肱三头肌。如果采用站姿,则要求全身直立,动作过程中不要晃动,以免腰部受伤。练习3～5组,每组做3～5次,组间间歇90秒。

(二)壶铃练习

1. 背桥壶铃飞鸟

肩部贴瑞士球仰卧,两腿弯曲,双脚着地,大小腿成90°,两手持壶铃侧平举,做仰卧飞鸟。练习时保持身体稳定,注意调整呼吸、幅度和动作节奏。练习 2~3 组,每组做 8~12 次,组间间歇 90 秒。

2. 俯身壶铃划船

双脚站立(也可以站在平衡盘上),双手各握一个壶铃,膝关节微屈,上体前倾,头部向上抬起,背部保持水平,将两个壶铃尽可能地向上提起,双肘尽量靠近身体,动作要慢,肘关节达到顶点时,肩胛骨相互挤压,同时注意呼吸、平衡和动作节奏。练习 2~3 组,每组做 8~12 次,组间间歇 90 秒。

3. 单臂壶铃划船

手握壶铃,上体前倾,躯干与地面平行,左手支撑于瑞士球上;右手向上提拉壶铃(主要用肩部、颈部和背部肌肉发力),再有控制地放下,两臂交替练习,同时注意呼吸和动作节奏。练习 2~3 组,每组做 8~12 次,组间间歇 90 秒。

4. 坐姿侧举壶铃

正坐于瑞士球上,两脚开立略比肩宽,两手持壶铃屈臂于胸前平举,身体保持正直,两手做侧平举,同时注意呼吸和身体平衡。练习 2~3 组,每组做 8~12 次,组间间歇 90 秒。

5. 俯卧侧举壶铃

俯卧于瑞士球上,两腿自然分开,脚尖撑地,肩部稍超出球,胸部贴球,背部肌肉紧张,两手持壶铃前平举,两手持壶铃向体侧运动,成侧平举动作。练习 2~3 组,每组做 8~12 次,组间间歇 90 秒。

(三)哑铃练习

1. 平板哑铃飞鸟

躺在瑞士球上,双脚自然分开,双手握住哑铃侧平举(掌心向上),将哑铃静止,身体保持稳定;肘部微屈,两手将哑铃举至胸部上方,双手掌心相对,然后将哑铃还原至胸部两侧,动作需缓慢、流畅,同时注意匀速呼吸、速度适中、大幅度。练习 3~5 组,每组做 8~12 次,组间间歇 1 分钟。

第三章 青少年身体各部位的动作模式训练指导

2. 站立哑铃侧平举

两脚开立（略比肩宽）站在平衡盘上，膝关节稍微弯曲，后背直立，肘关节微屈，双手持哑铃置于身体两侧（与髋部略有间隙），双臂缓慢地将哑铃侧平举（动作幅度要大），静止1~2秒后，缓慢还原。动作完成时间为1~2秒，还原时间为3秒。练习3~5组，每组做8~12次，组间间歇1分钟。

3. 单臂肱三头肌伸展（坐姿）

坐在瑞士球上，上体保持正直，右手持哑铃置于头后（小臂与地面平行），肩部保持固定，然后上提哑铃至头顶，手臂微屈，动作不宜过快，静止1~2秒后，缓慢还原，双臂交替进行练习。动作完成时间为1~2秒，还原时间为3秒。练习3~5组，每组做8~12次，组间间歇1分钟。

4. 哑铃屈腕

坐在瑞士球上，两脚分开略比肩宽，双肘放在大腿上，两手分别持一个哑铃，掌心向前，身体略微前倾，两手交替使用前臂屈肌缓慢地将哑铃提至膝盖上方，后背保持挺直，静止1~2秒后，缓慢还原。动作完成时间为1~2秒，还原时间为3秒。练习3~5组，每组做8~12次，组间间歇1分钟。

（四）腹肌轮练习

1. 双膝跪姿手拉腹肌轮

双膝跪地，脚尖内扣，双手紧握腹肌轮两侧，上体充分向前伸展，双臂微屈，缓缓回拉腹肌轮，上体缓慢抬起，呼吸节奏放慢，以吸气为主，躯干保持稳定，避免左右晃动，直至腹肌轮接近膝盖。练习3组，每组练习5次，组间间歇1分钟。

2. 双腿伸直双手回拉腹肌轮

双脚脚尖着地，双手紧握腹肌轮两侧，身体尽量伸展，双臂微屈，缓缓回拉腹肌轮，上体缓慢抬起，呼吸节奏放慢，以吸气为主，身体保持稳定，直至腹肌轮接近双脚。练习3组，每组练习5次，组间间歇1分钟。

第二节　下肢动作模式训练

一、下肢动作模式训练的价值

（一）降低下肢运动的损伤

减少运动损伤是下肢力量动作模式训练价值的重要体现。经过系统、科学的下肢力量动作模式训练，能够有效地降低运动员下肢软组织、骨骼和关节的损伤率和损伤程度，同时也具有降低身体其他部位损伤风险的作用。首先，下肢力量动作模式作为力量训练的重要方法，是提高力量的重要途径，而力量的提高能够有效地预防损伤。其次，下肢力量动作模式的训练是建立在功能解剖学上的科学化训练，强调动作的质量，注重动作的规格，对关节的运动范围、各关节的相对位置具有严格的要求，高质量的动作为软组织、关节和骨骼提供了坚实的保障。第三，下肢力量动作模式训练采用偏载负重、单点支撑和支撑面不稳定等多种非稳定性训练，能够准确地筛查弱链和不平衡点并进行解决，减少由于弱链和不平衡引起的动作代偿，大大降低了机体的损伤概率。

（二）提高下肢动作的效率

下肢作为人体的重要组成部位，具有支撑人体、产生力量、传递力量的重要作用，是完成技术动作的必备条件，因此下肢动作效率对力量的产生和传递、动作的执行和控制都具有重要的意义。首先，下肢力量动作模式训练强调动作质量的实现，能够有效防止能量泄漏，保证实现力量最大值、延长力的作用时间、提高力的作用速度，大大提高下肢动作效率。其次，下肢力量动作模式训练注重主动肌、拮抗肌、协同肌协同工作能力的提高，为力量的产生、传递提供了基本条件，同时下肢力量动作模式训练注重"神经－肌肉系统"和稳定肌的训练，为主动肌、协同肌的发力提供保障，有利于动作效率的提高。

（三）提高下肢动力链传递的效率

根据动力链原理，运动训练手段必须利用动力链传导的原理，即充分利用肌肉链、关节链的原理对运动训练进行设计。下肢力量动作模式以多关节、多平面的动作为主，在下肢的推、拉动作模式训练中，髋、膝、踝三关节均有不同程度的参与，并且下肢力量动作模式对动作质量有严格的要求，从而确保每个关节的位置符合解剖学、运动学原理，保证了髋、膝、踝三关节的协调运动，充分发挥了关节链的传递效能。因此，下肢力量动作模式训练更加符合动力链原理，有利于提高下肢动力链传递的效率。

二、下肢推动作模式训练的方法

（一）双腿推动作模式

1. 基本准备姿势／半蹲／深蹲成站立姿势

（1）稳定性练习

场地与器材：开阔的平地。

目的与任务：主要发展臀大肌、股四头肌和股后肌群力量。

动作方法：两脚开立与肩同宽或稍宽于肩，双手叉腰呈基本准备姿势／半蹲／深蹲，然后下肢发力向上跳起，落地呈基本站立姿势，然后还原到初始姿势。

整个动作过程中脚尖始终向前，膝关节不要超过脚尖垂直面，目视前方，躯干挺直；呈初始姿势时，臀大肌收紧，不要过度屈髋；呈站立基本姿势时，两手自然放在身体两侧，身体正直，目视前方，髋关节处于人体正常位。

（2）非稳定性练习

场地与器材：开阔的平地，bosu球、平衡盘、弹力带。

目的与任务：主要发展臀大肌、股四头肌和股后肌群力量，并发展身体稳定性。

动作方法：bosu球／平衡盘练习。双手叉腰，两脚开立与肩同宽或稍宽于肩，站立在bosu球／平衡盘上呈基本准备姿势／半蹲／深蹲姿势，然后下肢发力,呈站立姿势,最后还原到初始姿势。

2. 弹力带前后分腿蹲/侧蹲

(1)稳定性练习

场地与器材:开阔的平地、弹力带。

目的与任务:主要发展臀大肌、大腿前部肌群和股后肌群力量。

动作方法:前后/侧向弓箭步为起始姿势,将弹力带踩到双脚下,两手握住弹力带两头,然后两腿伸直,牵拉弹力带呈站立姿势,最后还原到初始姿势。整个动作过程中腿弯曲时膝盖不能超过脚尖,躯干保持挺直,臀大肌收紧发力。

(2)非稳定性练习

场地与器材:开阔的平地、弹力带、bosu球和平衡盘。

目的与任务:主要发展臀大肌、大腿前部肌群、股后肌群力量,并发展下肢稳定性。

动作方法:前后/侧向弓箭步为起始姿势,将弹力带踩到双脚下,同时两脚/一脚站立在bosu球/平衡盘上,两手握住弹力带两头,然后两腿伸直,牵拉弹力带呈站立姿势,最后还原到初始姿势。整个动作过程中两脚尖始终向前且不能超过脚尖,两膝不能内扣,躯干保持挺直,臀大肌收紧发力。

(二)单腿推动作模式

1. 单腿蹲呈站立姿势

(1)稳定性练习

场地与器材:开阔的平地。

目的与任务:主要发展臀大肌、大腿前部肌群、股后肌群力量,并发展稳定性。

动作方法:支撑腿大腿与地面平行,另一腿悬空(或轻微接触网球、棒球等)并靠近支撑腿,支撑腿以臀大肌带动大腿前部肌群和股后肌群发力站立,然后还原到初始姿势。在动作过程中,腿弯曲时膝关节不能超过脚尖垂直面,臀大肌收紧发力,双手叉腰或者平行放在体前,不要借助手摆动等产生的外力。

(2)非稳定性练习

场地与器材:开阔的平地、bosu球、平衡盘、悬吊带。

目的与任务：主要发展臀大肌、大腿前部肌群、股后肌群力量，并发展下肢稳定性。

动作方法：① bosu 球/平衡盘练习。支撑腿大腿与地面平行，另一腿悬空（或轻微接触网球、棒球）并靠近支撑腿，支撑腿踩在 bosu 球/平衡盘上，借支撑腿主动发力站立。②悬吊带练习。支撑腿大腿与地面平行，另一腿悬空横放在悬吊带上，借支撑腿主动发力站立。

2. 训练箱/训练凳单腿蹲

（1）稳定性练习

场地与器材：开阔的平地、训练箱、训练凳等。

目的与任务：主要发展臀大肌、大腿前部肌群、股后肌群力量，并发展下肢稳定性。

动作方法：支撑腿大腿与地面平行，另一腿放在训练箱/训练凳上，支撑腿以臀大肌带动大腿前部肌群和股后肌群发力站立，然后还原到初始姿势。在练习动作过程中，腿弯曲时膝关节不能超过脚尖垂直面，臀大肌收紧发力，双手叉腰或抱头，不要借助外力。

（2）非稳定性练习

场地与器材：开阔的平地、训练箱、训练凳、弹力带等。

目的与任务：主要发展臀大肌、大腿前部肌群、股后肌群力量，并发展下肢稳定性。

动作方法：腰部系弹力带辅以多方向拉力，一脚放在训练箱/训练凳上，另一只脚放于地面（支撑脚），依靠训练箱/训练凳上下肢的伸髋肌群发力，使身体呈直立姿势，然后还原到初始姿势。在练习动作过程中，重心位于支撑脚中间或脚跟处，以避免支撑脚脚掌过度用力（脚掌与地面平行），双手叉腰或抱头，不要借助手摆动等产生的外力。

三、下肢拉动作模式训练方法

（一）髋关节主导动作

1. 滑板直膝内收

（1）稳定性练习

场地与器材：开阔的平地、滑板。

目的与任务：主要发展支撑腿臀大肌、股四头肌、股后肌群和大腿内收肌群,以及滑动腿内收肌群力量。

动作方法:呈侧向弓箭步站立,滑动腿放于滑板上,以滑动腿内收肌群发力,同时支撑腿伸髋肌群配合发力,呈站立姿势。双手抱头或叉腰,躯干挺直,屈髋后,大腿、小腿与地面平行,身体重心不要晃动。

(2)非稳定性练习

场地与器材:开阔的平地、滑板、平衡盘和bosu球等。

目的与任务:主要发展支撑腿臀大肌、股四头肌、股后肌群,以及滑动腿内收肌群力量。

动作方法:呈侧向弓箭步站立,支撑腿放在平衡盘或bosu球上,滑动腿放于滑板上,以滑动腿内收肌群发力,同时支撑腿伸髋肌群配合发力,呈站立姿势。双手抱头或叉腰,躯干挺直,屈髋后,大腿、小腿与地面平行,身体重心不要晃动。

2. 仰卧弹力带提拉

(1)稳定性练习

场地与器材:开阔的平地、弹力带。

目的与任务:主要发展屈髋肌群力量。

动作方法:运动员直体仰卧,两脚/单脚踝系弹力带,弹力带另一头系在肋木上或者由同伴/教练员握住;运动员屈髋肌群发力,提拉弹力带至大腿与地面垂直(双腿/单腿/交替),大小腿夹角为90°,然后还原到初始姿势。两手自然放在身体两侧并保持不动,躯干保持挺直并始终紧贴地面。

(2)非稳定性练习

场地与器材:开阔的平地、弹力带、瑞士球。

目的与任务:主要发展屈髋肌群力量。

动作方法:运动员直体仰卧在瑞士球上,两脚/单脚踝系弹力带,弹力带另一头系在肋木上或者由同伴/教练员握住,然后运动员屈髋肌群发力,提拉弹力带至大腿与地面垂直(双腿/单腿/交替),大小腿之间夹角为90°,然后还原到初始姿势。两手自然放在身体两侧并保持不动,躯干保持挺直并始终紧贴瑞士球。

(二)膝关节主导动作

1. 俯姿跪起

(1)稳定性练习

场地与器材:开阔的平地。

目的与任务:主要发展股后肌群、臀部肌群力量。

动作方法:练习者俯姿直体,两手交叉、放在腰部,同伴/教练员将手放在练习者脚踝以固定住其双脚,练习者通过臀部和股后肌群的收缩使上体直立,然后还原到初始姿势。整个过程中上体挺直,臀大肌、股后肌群收紧发力。

(2)非稳定性练习

场地与器材:开阔的平地、平衡盘。

目的与任务:主要发展股后肌群、臀部肌群力量,以及下肢稳定性。

动作方法:练习者俯姿直体,两手交叉互握,放在腰部,同伴/教练员将手放在练习者脚踝以固定住其双脚;膝关节下方放置平衡盘,练习者通过臀部和股后肌群的收缩使上体直立,然后还原到初始姿势。整个过程中上体挺直,臀大肌、股后肌群收紧发力。

2. 滑板仰卧挺髋

(1)稳定性练习

场地与器材:开阔的平地、滑板。

目的与任务:主要发展屈膝肌群、伸髋肌群和背部肌群力量。

动作方法:直体仰卧,将双脚放在滑板上,双臂放在身体两侧,由臀肌、股后肌群发力,屈膝、伸髋,屈膝至大小腿夹角呈90°,做到肩、髋、膝呈一条直线,尽量避免身体晃动,动作过程中保持脚的位置不动。

(2)非稳定性练习

场地与器材:开阔的平地、滑板、平衡盘。

目的与任务:主要发展屈膝肌群、伸髋肌群和背部肌群力量。

动作方法:直体仰卧在平衡盘上,将双脚放在滑板上,双臂放在身体两侧,由臀肌、股后肌群发力,屈膝、伸髋,屈膝至大小腿夹角呈90°,做到肩、髋、膝呈一条直线,尽量避免身体晃动,动作过程中保持脚的位置不动。

第三节 躯干动作模式训练

一、稳定支撑躯干支柱俯桥动作模式训练

稳定支撑是指运动员在练习时直接作用于地面或稳定的物体上。稳定支撑的俯桥练习能够有效提高躯干支柱力量,尤其是腹肌和肩背(肩胛关节)肌群的力量。

(一)稳定支撑静态俯桥

练习目的:发展躯干支柱和肩背部力量,提高躯干的稳定控制能力。
练习方法:以双手(或双肘)和双脚撑于地面上,双脚略分开,脚尖着地,身体成俯桥姿势,臀肌、腹肌收紧。练习时保持头、背、臀、腿、脚跟处于同一平面上。练习负荷根据练习者的训练水平及训练阶段任务安排,一般练习3组,每组分别做20秒、30秒、40秒,组间间歇90秒。

(二)两点支撑俯桥练习

练习目的:发展躯干支柱和臀肌、大腿前群肌肉力量,提高躯干的稳定控制能力。
练习方法:以双手(或双肘)和双脚撑于地面上,双脚略分开,脚尖着地,身体成俯桥姿势,臀肌、腹肌收紧;单侧手臂向前伸展,同时对侧腿上举并停顿,两侧的交替支撑动作要注意保持节奏。练习时躯干保持挺直,身体保持稳定,以克服身体在交替支撑时产生晃动和倾斜。训练负荷应根据练习者的训练水平及训练阶段任务安排,一般练习3组,每组做20次,组间间歇90秒。两侧交替进行练习。

二、非稳定支撑躯干支柱俯桥动作模式

非稳定俯桥动作模式是使用非稳定器械在非稳定界面上进行的各种俯桥练习,是稳定俯桥的升级模式,难度较大。

第三章　青少年身体各部位的动作模式训练指导

（一）上肢非稳定四点支撑静态俯桥

1. 上肢非稳定静态手撑或肘撑俯桥

练习目的：发展躯干支柱和肩背部力量，提高躯干的稳定控制能力。

练习方法：在稳定支撑静态俯桥的基础上，两手或两肘支撑于实心球或瑞士球上（或药球、泡沫轴、平衡盘、滑板、悬吊带、振动训练台等），双脚分开约半肩宽，脚尖着地，保持头、背、腰、臀、腿、脚跟成一条直线。练习时臀肌、腹肌收紧，躯干保持稳定。训练负荷应根据练习者的训练水平及训练阶段任务安排，一般练习3次，每次做30秒，次间间歇90秒。

2. 非稳定肘撑或手撑俯桥抗阻

练习目的：发展躯干支柱、肩背部力量，提高躯干的稳定控制能力。

练习方法：在稳定支撑静态俯桥的基础上，两手（或两肘）支撑于平衡盘（或实心球）上，同伴（或教练员）用手在练习者尾椎上垂直向下施加阻力（也可用手在练习者的腰部快速施加向下、向前、向后等方向的静态或动态阻力），练习者控制核心支柱的稳定，使头、背、腰、臀、腿、脚跟成一条直线。练习时臀肌、腹肌收紧，躯干保持稳定。

（二）下肢非稳定四点支撑静态俯桥动作模式

1. 下肢非稳定肘撑或手撑静态俯桥

练习目的：发展躯干支柱、肩背部力量，提高躯干的稳定控制能力。

练习方法：俯卧于地面，目视地面，双手（或双肘）置于肩膀外侧，两手中指连线平行于锁骨，两脚分开约半肩宽，脚放置在瑞士球、实心球等非稳定器械上；两臂发力撑起，同时臀部和双腿抬起，使头、背、腰、臀、腿、脚成一条直线。练习时臀肌、腹肌收紧，躯干保持稳定。

2. 下肢非稳定肘撑或手撑静态或动态抗阻俯桥

练习目的：发展躯干支柱、肩背部力量，提高躯干的稳定控制能力。

练习方法：以下肢非稳定手撑（或肘撑）俯桥为起始姿势，同伴（或教练员）用手在练习者的尾椎上垂直向下施加静态压力（或用手在练习者腰部从各个方向快速轮换施加阻力），练习者控制核心支柱的稳定，使头、背、腰、臀、腿、脚跟成一条直线。练习时臀肌、腹肌收紧，躯干保持稳定。

三、非稳定状态动态俯桥练习

（一）上肢非稳定支撑手脚交替支撑俯桥

练习目的：发展躯干支柱、肩背部力量，提高躯干的稳定控制能力。

练习方法：两手撑于 bosu 球上，两脚略分开，脚尖着地，左臂向前伸展，同时右腿上举并稍作停顿，两侧交替支撑动作要注意保持节奏。练习时臀肌、腹肌收紧，身体保持稳定，以避免身体在交替支撑时产生晃动和倾斜。

训练负荷应根据练习者的训练水平及训练阶段任务安排，一般练习 3 组，每组分别做 6 次、8 次、10 次，组间间歇 90 秒。两侧交替进行练习。该练习适合所有运动项目较高级别的运动员。

（二）下肢非稳定双脚交替屈膝高抬俯桥（可负重）

练习目的：发展躯干支柱、肩背部力量，提高躯干的稳定控制能力。

练习方法：以下肢非稳定支撑俯桥为起始姿势，两腿有节奏地交替屈膝高抬并稍作停顿，脚尖指向地面，头、背、腰、臀、支撑腿成一条直线。练习时臀肌、腹肌、股前肌群收紧，身体保持稳定，以避免身体在交替支撑时产生晃动和倾斜。

（三）下肢非稳定手脚交替负重俯桥

练习目的：发展臀部、肩部、股前肌群和躯干力量，提高躯干的稳定控制能力。

练习方法：以下肢非稳定支撑俯桥为起始姿势，两脚置于悬吊带上，腰背部负重；右臂前伸，同时左腿上举并稍作停顿，两侧的交替支撑动作要注意保持节奏，头、背、臀和支撑腿处于同一平面上。练习时臀肌、腹肌收紧，身体保持稳定，以避免身体在交替支撑时产生晃动和倾斜。

（四）下肢非稳定双腿交替屈膝高抬、侧抬俯桥（可负重）

练习目的：发展躯干支柱、肩背部力量，提高躯干的稳定控制能力。

第三章 青少年身体各部位的动作模式训练指导

练习方法：以下肢非稳定支撑俯桥为起始姿势，两脚置于瑞士球上；两腿有节奏地交替屈膝高抬、侧抬，高抬时脚尖指向地面，侧抬时大腿与地面平行并稍作停顿，头、背、臀和支撑腿成一条直线。练习时臀肌、腹肌、股前肌群收紧，身体保持稳定，以避免身体在交替支撑时产生晃动和倾斜。

第四章　青少年身体速度与爆发力训练指导

在人体各项体能素质中,速度与爆发力素质是非常重要的,除了力量是各项运动的重要基础外,运动机体还需要拥有良好的速度素质。只有在速度与力量的结合下,运动者才能更好地发挥自身的运动能力,取得理想的训练效果或比赛成绩。

第一节　最大速度训练

一、速度训练的相关要素

(一)强度

速度素质训练中,采用不同的强度会产生不同的训练效果,对于训练强度的安排要依据不同运动员的训练水平和身体状况而定。低强度的速度训练不需要专门准备,运动员在准备活动和技术动作学习过程中,就可以进行较低强度的速度训练;而高强度的速度训练则需要有一个准备过程,运动员只有具备一定的力量素质基础和专项技术水平才能参加高强度速度训练,这主要是为了提升训练效果,保障运动员的安全。

一般来说,在对运动员进行速度训练时,在开始训练阶段安排的训练强度通常是最大强度的75%左右。在这一强度的训练阶段,运动员可以对自身技术动作的速度节奏进行调节。随着训练的不断深入,训练强度逐渐提高到最大强度。

受运动员注意力集中程度、体内能量供应的影响,运动员在高强度下进行技术训练有一定的难度。因此,可以采取一些特殊的训练手段来

第四章　青少年身体速度与爆发力训练指导

使运动员不断超越原有的速度限制,从而促进训练的顺利进行,弹力绳牵引训练、高原训练等都是有利于运动员速度素质不断强化的训练手段。

运动员进行速度训练如果是为了促进自身完成技术动作的速度不断提高,首先必须对技术动作加以掌握。一般按照如下顺序来安排训练内容:

(1)运动员通过一般训练来对基本运动技术进行掌握。

(2)运动员对完整的基本运动技术进行掌握。

(3)运动员通过专项技术训练来对精细复杂的运动技术加以掌握。

(4)运动员通过专项速度训练来提高完成技术动作的速度能力。

运动员一般应该在较低的动作速度下学习运动技术,并保持稳定的技术水平。但是,在训练初期,就应该通过提高训练强度来促进运动员技术稳定性的保持。这有利于运动员从较低速度下学习运动技术顺利过渡到最大速度下掌握运动技术。

运动员在速度训练中不应当出现明显疲劳症状,这主要是为了保持神经系统能够始终处于最佳兴奋状态。所以,运动员在参加速度训练前必须有针对性地做一些准备活动。而且,一般先进行速度训练,再进行耐力和力量训练。

(二)负荷量

负荷量和负荷强度之间具有相应的关系。如果运动员在速度训练中采取最大的负荷强度,那么其负荷量就无法达到最大。此外,当运动员开始对新的速度水平有所适应并能够使这一水平保持稳定时,就必须继续增加负荷强度来进行技术训练。速度训练中对训练负荷量的安排要遵照如下几项要求:

(1)较少重复次数,较多组次和高强度。

(2)采用运动员达到最大跑速的最短距离发展加速能力。

(3)采用适宜的练习距离。

(4)运动员可以采用助力达到最高速度,以减少疲劳的影响。

(5)对运动员保持最大速度距离的最佳水平及时加以了解。

(三)练习密度

运动员在以最大跑速进行训练时,两个跑次之间必须安排一定的间歇时间,以使机体的工作能力能够完全恢复到正常状态,但这个恢复时间又不能太长,否则难以使神经系统维持兴奋状态,也难以使体温维持最佳状态。以最大跑速进行训练时,如果气候比较温暖,两个跑次之间一般安排4~6分钟的恢复时间,但是如果气候比较寒冷,采用这一间隔时间就不太合适,而应该适当增加间隔时间。

在每个跑次之间安排适宜的恢复时间,主要是为了在每个跑次训练中都能取得良好的训练效果,而且为了保证获取最佳训练效果,运动员在每个跑次练习之前还应该做好准备活动。通常一个训练单元中安排2~3组练习,每组有3~4个跑次。

(四)阶段划分

对训练过程进行阶段划分,主要就是按照一定的周期有序组织训练频度、训练强度和训练量,以使运动员达到最佳竞技状态,并更好地迎接重要的比赛。在年度训练的专门准备期和比赛期中,尤其要重视运动员的速度训练,这两个时期中速度训练的成果会对运动员的最终运动成绩产生很大的影响。下面主要对速度训练的年度训练周期进行阐述。

以训练的目的为依据,可以将年度训练周期分为准备期、适应期和比赛期三个阶段。在准备期的训练中会增加练习负荷量,以此来为适应期的训练中增加负荷强度做准备。在最后阶段——比赛期进行训练的主要目的是提高和稳定比赛成绩。

1. 准备期

在准备期进行速度训练的目的是促进运动员弹性力量、有氧耐力、灵活性和技术动作效率的提高。

在这一阶段进行训练主要采用一般训练和专门训练相结合的方法进行。游戏、法特莱克跑是一般训练中经常会采用的方法;跳跃练习、技术练习是主要的专门训练手段。在技术训练中,必须调整练习的强度。但是在准备期的整个训练过程中,运动员必须保持放松,保持稳定的训练节奏。如果运动员的力量和步频在提高后对专项技术的稳定性造成了影响,就应该适当减小练习强度,以便使运动员的技术水平能够保持稳定。在技术训练中,运动员应该在运动过程中集中注意力,并在训练的最后阶段增加一些加速练习的内容。

第四章　青少年身体速度与爆发力训练指导

2. 适应期

在适应期进行速度训练的目的主要是促进运动员速度、速度耐力和弹性力量的提高,这一阶段主要采用的是专门训练手段。运动员速度素质的发展受诸多因素的影响,当这些因素都起作用时,我们需要对一些次最大强度和最大强度的训练内容进行安排,同时运动员还需在训练前进行完整的准备活动,在训练后进行整理活动,并且在准备活动中还应进行专门的灵活性练习。

3. 比赛期

在比赛期,要注意所安排的比赛密度要与运动员个体特点相适应。在这一阶段的训练计划中应加入弹性力量、积极的恢复和低强度的训练单元。此外,这一阶段又可分为不同的周训练小周期,每个小周期又有2～4个训练单元,在每个训练单元中应适当加入最大强度的速度练习内容。

最后需要注意的是,在比赛期的速度训练中,还应加入速度耐力训练的内容,强度为次最大强度和最大强度,安排这一训练内容有利于对比赛密度的安排情况做出科学的评价。

二、最大速度训练的方法

(一)原地支撑摆腿

练习方法:躯干保持正直,大腿积极高抬,约与地面平行,支撑腿充分蹬直,上肢摆臂动作与下肢腿部动作协调。练习时,头颈部和肩带放松,大腿和小腿自然折叠,抬腿时避免躯干前倾。练习3～4组,每组做20次(左右腿交替进行),组间间歇1分钟。

强化练习:在髋、膝、踝等部位系弹力带,利用弹力势能增加阻力,增强蹬摆的效果;支撑脚踩平衡盘,在不稳定的条件下增强身体的控制与协调能力,在本体感觉得到强化的基础上,有效提高核心部位的工作强度,进而为提高速度奠定基础。

(二)跑的专门性练习

1. 后蹬跑

练习方法:蹬地腿用力蹬伸,积极伸展髋、膝、踝三个关节,摆动腿屈膝前顶送髋,大小腿折叠,小腿放松并自然下垂,脚掌着地瞬间用力扒地,手臂积极摆动,躯干始终保持稍前倾。提膝时大小腿角度也应控制在90°左右,摆动腿同侧髋积极前送。练习3~4次,每次跑30米,次间间歇2分钟。

强化练习:

(1)手扶墙后蹬跑,躯干近端有支撑,有利于核心部位保持稳定,控制重心,避免过分起伏,同时还能有效地提高快速后蹬的频率。

(2)持哑铃后蹬跑:增强摆臂力量及躯干控制能力,进而增大腿前摆的幅度。

(3)踏标记后蹬跑:不同间隔的标记有利于调整幅度、增大幅度或提高频率。

2. 高抬腿跑

练习方法:大腿积极向前上摆到水平或水平以上,踝关节放松,落地时大腿积极下压,上体正直或前倾,快速摆臂。练习时身体保持正直或稍前倾,肩带放松,摆臂时手的位置不要高于下颌。练习3~4组,每侧腿每组做20次,组间间歇1分钟。

强化练习:

(1)行进间踏上标志(可用绳梯或画好格子):提高频率,增强灵敏性。

(2)倒退高抬腿跑:进一步强化发力部位的运动感觉。

(3)持哑铃高抬腿跑:增强核心部位的控制能力,提高用力效果。

(4)穿沙背心、腿部缠戴小沙袋:增大阻力负荷,增加练习后的痕迹效应。

(5)上楼梯、上坡高抬腿跑:利用重力势能增强练习效果。

(6)下坡高抬腿跑:利用重力势能,加快频率。

(三)起跑与加速跑

练习方法:双脚前后站立,距离一脚到一脚半,屈膝降重心,身体前倾,前腿异侧臂屈肘在前;听到"跑"的信号后,两脚用力蹬地,迅速向前冲出,重心前移快速起动,摆动腿的膝关节迅速有力地向前上方摆出,支撑腿在摆动腿积极前摆的配合下,快速有力地伸展髋、膝、踝三个关节,蹬离地面,使支撑腿与摆动腿协调配合,头部正直,上体稍向前倾,两臂前后摆动要轻快有力。练习时前几步不宜过大,以免造成重心起伏而影响蹬地的效果。另外,加速跑的前几步双脚着地并不完全在一条直线的两侧,而是相对较宽,以增加身体的稳定性,进而增强蹬地的效果。练习3~4次,每次跑30米,次间间歇2分钟。

强化练习:

(1)双脚并立起跑:体会身体重心的利用。

(2)反向起跑:背对跑进方向,提高快速反应及灵活应变能力。

(3)小步跑、高抬腿、后蹬跑接起跑:提高运动中加速和变速能力。

(4)上下坡起跑:利用重力势能提高频率或增强腿部力量。

(四)变速跑

练习方法:加速时,上体前倾,前脚掌快速蹬地,同时迅速摆臂,加快频率,两臂积极摆动,频率要快。减速时,上体直起,步幅加大,用前脚掌着地,缓冲减速,减速要循序渐进。练习时强调动作幅度,充分利用身体重心调节起跑和急停的时机与角度。练习3~4次,每次跑40米,次间间歇2分钟。

强化练习:

(1)听信号、看颜色:提高对不同性质刺激物的应答能力。

(2)各种运动场地的限制线间跑动(如篮球场、排球场端线与中线间的往返跑等):体会不同距离间的起动、急停感觉,提高变速能力。

第二节 多方向加速训练

一、同向侧蹬平行移动

练习方法:起动时,跑动方向异侧脚迅速用力蹬地,同时同侧脚迅速跨出一步,同侧脚在异侧脚并未落地时由髋关节外展向同侧跨出。练习时重心不要有起伏,脚蹬伸要充分,步幅要大但不能拖地。练习3~4组,每组做20次,组间间歇2分钟。

强化练习:

(1)双向侧蹬:体会不同方向蹬跨的动作。

(2)脚踝橡皮筋牵引侧蹬:充分利用等动力量训练的效果,增强蹬摆效果。

二、背向转身跑

练习方法：转身时，以后脚为轴，前脚掌在原地旋碾地，承接转头、转肩、转髋，带动前脚迈向欲变的方向，然后加速前进。转身时要保持屈膝，降低身体重心，身体前倾、身体平稳且迅速。练习3~4次，每次跑20米，次间间歇2分钟。

强化练习：

（1）两侧转身：体会不同方向蹬转的发力节奏。

（2）各种起跑姿势转身：体会身体在不同姿态下转身加速的能力。

三、"Y"字形变向跑

练习方法：直线加速，踏上交叉点后，身体随之向转动方向内倾，后腿迅速蹬地，在体前交叉踏向跑进方向。练习时，要求动作平稳，重心波动差小，四肢配合协调，节奏感明显。练习3~4组，每组跑4次（两侧各2次），组间间歇2分钟。

强化练习：

（1）持重物变向跑：提高肩带力量，增强摆臂速度，增加腿部的压力，提高腿部的蹬摆速度。

（2）双脚依次落于交叉点：体会向两侧变向的感觉，提高复杂情境下的转换能力。

四、"Z"字形变向跑

练习方法：直线加速，踏上拐点处做锐角转弯，最后一步脚尖要内扣并用脚内侧蹬地，同时转腰、配合转移重心，大腿前摆时，右膝关节稍向内，同时摆的幅度比左膝大，左腿前摆时应稍向外，右臂摆动的幅度大于左臂，前摆时稍向左前方，后摆时右肘关节偏外，左臂稍离躯干做前后摆动。练习时先做直线加速跑，再做变向跑，变向时要稍减速。练习3~4组，每组跑4次（两侧各2次），组间间歇2分钟。

强化练习：分别从Z的两个端点起跑——分别体会向顺时针和逆时针变向的感觉。

五、"W"字形变向跑

练习方法：起动要迅速，在变向时要稍减速并且身体向欲变的方向倾斜，控制重心后再加速。变向时的前一步后脚要与欲变方向相同并体会前脚蹬地和转髋动作。练习 3～4 组，每组跑 4 次（两侧各 2 次），组间间歇 2 分钟。

强化练习：

（1）分别在 W 的两个端点起跑：分别体会向内和向外的加速转向感觉。

（2）持重物跑：提高肩带力量，增加摆臂速度；增加腿部的压力，提高腿部的蹬摆速度。

第三节 旋转爆发力训练

一、影响爆发力的因素

在运动员的各项素质中，爆发力素质也是非常重要的，尤其是在某些运动项目中，这一素质起着关键性的作用。例如，在篮球比赛中，运动员在抢篮板球时的跳跃动作就显示出最大爆发力的重要性。这里就以此动作对影响爆发力的力学因素进行分析。运动员抢篮板球时跳跃的高度完全是由其起跳速度所决定的。在起跳动作结束时，身体也会立即停止动作。等运动员伸展身体的躯干、髋部、双膝以及脚踝并离开地面时，身体就会向上加速并达到一个最大的起跳速度。该速度是由肌肉对地面所产生的作用力乘以其作用时间（即"冲量"）再减去体重的冲量之后的结果所决定的。在运动员跃起离开地面之后，他就不能产生改变运动方向的力了。身体垂直加速越快，运动结束与起跳之间的时间就越短。因此，肌肉最大爆发力具有非常重要的作用。

由此可见，神经肌肉系统的三个力学特性决定了成绩：在短时间内产生最大力量的能力（术语称为"力量发挥最大速率"）；肌肉离心收缩阶段结束与向心收缩阶段的前期产生最大力量的能力；肌肉收缩速度加快时肌肉持续产生大力量的能力。

很多因素都会对以上三种特性的发挥产生影响,对每种因素进行深入分析有助于我们更好地了解不同训练方法的作用。最大爆发力表现需要采用肌肉先伸展再收缩的反向运动类(拉长—缩短周期)训练。特定爆发力训练比重负荷抗阻训练有更好的反应,这主要是由于爆发力训练涉及力量、速度以及肌肉活性下降的短暂减速阶段。每个有利于最大爆发力发挥的因素都有其相应的使用范围。因此,在对训练计划进行具体设计时,设计者应该有效结合使用多种有效的方法,同时还应该有效针对运动最弱的环节加以设计。

(一)拉长—缩短周期

很多爆发性练习都与反向运动有着一定的联系。整个运动过程中参与肌肉群先被拉长后再缩短使身体或者肢体加速,这种肌肉收缩模式就是所谓的拉长—缩短周期。它涉及很多相互作用的神经因素和力学因素,如牵张反射激活与肌肉、肌腱相互作用等。

有关肌肉拉长—缩短周期的很多研究都表明,在拉长—缩短周期过程中肌肉激活程度与表现优于单纯的向心收缩过程。例如,有人曾观察到静止或蹲跳与下蹲跳的跳跃高度之间存在着18%~20%的差距。蹲跳是从蹲姿开始的一种向心收缩跳跃动作,而下蹲跳则是从站姿开始,运动员快速屈膝屈髋下蹲,之后再起跳。下蹲跳与蹲跳在跳跃高度上的差距主要是由于下蹲跳能够让运动者产生更大的爆发力,从而使得其身体对地面施加更大的作用力,让整个身体向上的冲量与加速度更大。其他几种机制的理论认为,如储存弹性势能释放、肌肉—肌腱相互作用以及牵张反射激活等,这些都可能对拉长—缩短周期的成绩提高起到了辅助作用。

运动员完成拉长—缩短周期动作时产生的最大爆发力要高于日常用的拉长练习,这些超等长练习已经在很多研究中被证实,能够有效提高运动者的跳跃能力与爆发力。超等长训练能够让身体肌肉的整体神经刺激得到加强,从而增大输出的力量。研究表明,不熟悉大强度的拉长—缩短周期负荷的被测试者肌肉激活时间会减少。这是源于一种由高尔基腱器官产生的保护性反射机制,该器官会在突发性、大强度的伸缩负荷过程中发挥相应的作用,这种负荷一般会在拉长—缩短周期的力量高峰期间减少肌腱单元内的张力。在一段时期的超等长训练之后,这

第四章　青少年身体速度与爆发力训练指导

种抑制作用会有所降低(即"抑制解除"),而拉长—缩短周期的成绩则会提高。

超等长训练能够使肌肉骨骼系统承受相当大的作用力。运动专家建议,运动员在开始超等长训练计划之前应该具备初步力量训练的基础(如运动员应该能够采用其1.5倍体重的负荷进行深蹲练习),也可以进行低强度的超等长训练(如蹲跳、下蹲跳等)。需要特别注意的是,超等长训练常常是儿童进行跳跃游戏的一项内容。另外也有研究者认为,跳深会带来非常高的受伤风险,因此初学者不宜进行跳深练习。

(二)肌肉力量

力量指的是肌肉按特定或者确定的速度收缩所产生的力或力矩的值,肌肉收缩主要包括离心、向心、等长收缩等方式。一般情况下,体能教练与运动员会将"力量"一词与慢速甚至是等长肌肉收缩过程中所发出的力联系起来。这种力能够通过采用重复一次试举的最大重量的测试来获得,该测试是以运动员在整个动作过程当中试举一次所能举起的最大重量来对其力量进行评估的。当运动者举起最大重量时,其限制因素源于缓慢收缩速度所产生的肌肉力量。

研究表明,如果运动员在慢速运动状态下的力量得到提升,那么其爆发力与运动成绩也会发生相应的提升。这是由于慢速运动状态下的最大力量也是最大爆发力的基础。换言之,力量与爆发力之间存在着某种基本关系,即不够强壮的运动员就不具备很强的爆发力。虽然力量是影响最大爆发力发挥的一个基本要素,但是当运动员已获得很高力量水平时,这种影响就会减小。因此,运动员当前力量水平决定了其最大肌肉爆发力潜力的上限,如果最大力量没有达到一定的水平,那么爆发力也就成为无本之木了。

要想获得更大的爆发力,就需要从向心收缩变向离心收缩。这样,它会从零速度开始。因此,在离心阶段后期产生的力、从拉长到缩短的转换(包括肌肉等速收缩)以及随后的向心收缩都是由主动肌的最大力量所决定的。如果最大力量被提高,那么这个过程中就会产生更大的力量,并使得冲量增加,加速度也相应提升。但是,随着肌肉高速收缩能力的提高,慢速动作肌肉力量对快速力量能力的影响会减弱。在运动员专项训练过程中,这一点非常重要。

二、旋转爆发力的价值

(一)动员更多的肌肉参与运动

旋转爆发力训练是在保持腰椎和腰骶关节面稳定的前提下,通过旋转髋关节和胸椎实现全身旋转爆发力的动作模式。髋关节和胸椎的灵活性是实现旋转爆发力训练的基础,躯干支柱的稳定性是实施旋转爆发力训练的关键。

从解剖学的角度来说,人体的大部分肌群是纵向排列的,另外一部分是斜向排列的,如梨状肌、臀大肌、腹外斜肌、前锯肌、斜方肌和腰方肌等,这种复杂的排列结构使躯干能够产生屈伸和扭转运动的动力。而人体的各种复杂动作(包括竞技动作)都是人体功能性动作的组合,这些动作有推、拉、屈、伸和旋转,并且都是在两个或两个以上的平面内完成的动作。人体在运动过程中由于四肢的动作,使身体在水平面、额状面、矢状面不断产生偏转力矩。根据物理学关于转动力矩在封闭的个体中保持恒定的原理,下肢产生一个向前的转动力矩,其他部位必然要产生一个相反的转动力矩,这样才能平衡。身体躯干部位斜向排列的肌肉在对抗偏转力矩过程中担负着稳定重心、环节发力和传导力量等作用,对上下肢的协同工作及整合用力起着承上启下的枢纽作用。躯干得到稳固的支持,四肢的应力也能够随之减少,肢体才能够游刃有余地协调完成技术动作。身体在旋转发力和对抗旋转时,躯干尤其是腰椎和腰骶关节周围的肌群要协同工作,以对抗偏转力矩,所以旋转爆发力训练能够动员更多的肌肉来实现旋转和对抗旋转。

(二)提高动作的速率和功率

在传统的力量训练中,练习者都是在单一平面内完成屈、伸和推、拉的动作模式,每一个动作都有特定的神经通路,通过单一平面内练习而提高的力量。因为神经通路与运动实践相差太远,力量提高的效果很难迁移到运动实践当中,所以采用传统力量练习方式的运动员往往在场上表现出有劲使不出,动作显得缓慢而笨拙。旋转爆发力训练都是多维空间里进行的功能性动作,更接近于运动实践,所以力量提高的效果能更好地迁移到运动实践当中。

第四章 青少年身体速度与爆发力训练指导

相对于传统力量训练,旋转爆发力训练首先对目标肌群进行离心收缩,适当地拉长了目标肌群收缩前的肌肉初长度,从而提高了目标肌群做功的距离和收缩的力量。旋转爆发力训练利用肌肉弹性、肌梭和腱器官的牵张反射作用,提高了目标肌群收缩的速度,并且缩短了目标肌群做功的时间。所以旋转爆发力训练能更好地提高动作速率和功率,进而提高场上的表现能力。

(三)有效预防运动损伤

传统的力量训练常常是在平坦的支撑面上进行单维运动练习,而躯干的侧屈、扭转肌群没有得到相应的加强,必然导致身体躯干核心肌群中原动肌、对抗肌过于发达,固定肌和协同肌相对薄弱。力量之间的不均衡,必然造成躯干不稳定或关节位置的偏离,导致损伤发生,而伤痛又会导致肌肉不能正常发力,肌肉力量减弱,体能下降,由此又进入一个力量下降、伤痛加重的恶性循环中。旋转爆发力训练从解剖结构特点和生物力学功能出发,引入斜向和旋转方式以屈伸、旋转结合在一起的复合运动形式,精心设计出针对项目特点、多关节、多维的练习方法,使躯干每一块肌肉都参与进来,保证了肌肉均衡发展。

坐姿、跪姿和弓箭步练习,主要是为了提高练习者对身体局部的控制能力,这些练习主要是上肢和胸椎的旋转运动。在实际运动中,绝大多数旋转在站立姿势下进行,如站姿实心球练习锻炼了整个身体核心区域,发展了身体动态稳定性和平衡性,有助于提高运动员对重心的控制能力,同时也可以提高运动速度,减少受伤风险;网球选手利用滑轮装置模拟发球动作,发展力量练习,使髋、腰、手臂的力量得到全面提高,使各关节和肌肉的协调发力更有效。

三、爆发力训练中负荷与速度的选择

爆发力会由于运动者动作速度与负荷的不同发生相应的改变。因此,在弹射爆发力训练计划中,负荷的大小会影响到成绩提高的类型、幅度以及潜在的生理适应。研究表明,各种负荷训练都可以有效提升运动者的最大爆发力,而负荷训练主要包括大负荷、小负荷、最佳负荷及将各种负荷组合四种方法。

（一）大负荷

运动者为了有效提高自己的最大爆发力，最好采取大负荷的训练。首先，由于肌肉动作的力学原理（如力量—速度关系）和力量与爆发力之间存在的正相关关系，大负荷训练后提高最大力量同时也提高最大爆发力。其次，大负荷训练与运动单位募集之间存在着密切的关联。为了提高最大爆发力，在传统抗阻训练弹射性练习与举重练习中经常采用大负荷。

大负荷在以提高最大力量为目的的传统抗阻训练中得到了非常广泛的采用。由于在训练之后会提高最大等长肌力，这样就能提高运动员的最大爆发力（基于肌肉所固有的力量—速度关系）。这些规律适用于相对较弱或者没有充足运动经验的运动者。这种提高是由于肌纤维横截面积的增大所产生的，特别是二类肌纤维，此外还增大了神经对于肌肉的控制。

对于运动经验丰富的运动者来讲，在这种训练之后其最大爆发力的变化幅度小得多。因此，采用大负荷的传统抗阻练习，对于初期提高最大爆发力具有非常重要的作用。但是，当力量达到一定水平后，这种作用就不再持续了。

在弹射性练习与举重练习中也多采取大负荷的形式进行训练。当前有关这方面的生理适应的研究并不多，不过在理论上认为，这种适应不同于采用传统抗阻练习的大负荷训练所产生的适应。理论上认为，这些适应能够对最大爆发力产生积极的影响，但是只在训练当中采用一定负荷的条件下才会发挥其最大的影响力（即适应只针对特定的负荷或者运动速度）。因此，大负荷的弹射训练与举重训练能够提高对初学者与经验丰富运动员的爆发力。但是，很少有研究验证大负荷弹射式练习与举重练习提高爆发力的训练效果。

（二）小负荷

在快速爆发训练中，小负荷训练（即 0% ~ 60% 的 1RM）一般在弹射练习与超等长练习中广泛采用。这种训练负荷有利于运动员以与赛场上相似的速度进行训练。在需要力量增长率高及这种阻力下产生很高爆发力条件下一般采取小负荷。

大量研究表明,采用小负荷的训练可以提升专项动作中的最大爆发力,同时提高运动者的运动成绩。除此之外,同等(如相同的运动模式)训练模式下的小负荷与大负荷之间的比较结果也表明,采用小负荷训练之后,最大爆发力会出现更大程度的提高。因此,小负荷的快速爆发力训练对于提高专项动作中的最大爆发力具有非常显著的作用。

有关这种提高爆发力的机制目前尚不十分清楚。理论上认为,在高动作速度、力量增长率以及大爆发力训练中,采取轻负荷可以促进神经激活模式与肌肉内部协调性方面的生理适应,从而有利于爆发力的提高。因此,对于需要在承受外部小负荷的快速运动(如短跑、跳跃、投掷和击打)中产生极大爆发力的运动员,最好进行小负荷的训练。需要注意的是,这些研究结果仅适用于采用小负荷的弹射性练习和超等长练习。在传统抗阻训练或者举重运动中,采用小负荷的做法并不被研究人员推荐或者被体能教练普遍采用,这主要是由于该训练中练习手段的速度力量都不能够达到产生生理适应的刺激程度。在小负荷练习中,当将重物停在关节运动范围末端时,也不能够对肌肉产生足够的刺激。

(三)最佳负荷

一般来讲,运动员所承受负荷能在专项动作中发挥出最大爆发力就是所谓"最佳负荷"。

在单块肌肉与单关节运动中,最大爆发力达到30%最大等长肌力。然而,在多关节的专项动作中,能够获得最大爆发力的负荷会由于所涉及的运动类型而各不相同。例如,最佳负荷一般会从蹲跳当中0% 1RM到仰卧抛举30%~45% 1RM,举重运动中70%~80% 1RM。

由于爆发力的提高量是在训练中所采用的负荷下最明显,因此采用最佳负荷进行训练能够提供最理想的刺激,从而提高专项动作中的最大爆发力。虽然采用特定负荷训练后产生的极佳适应的确切机制目前还不明确,但是理论上认为,最佳负荷提供的刺激有助于产生神经激活方式的专项适应。

虽然科学证据表明,最佳负荷训练在短期的训练干预(8~12周)后能有效地提高专项动作中的爆发力,但这并不表明最佳负荷训练是长期性训练计划中提高最大爆发力的最佳方法。除此之外,在高水平或者优秀运动员训练中是否也会出现相同的结果也尚未明确。当然,采用最佳负荷的快速爆发力训练是有利于提高专项动作中最大爆发力的。

(四)组合式负荷

采用小负荷的弹射式爆发力训练可以提高力量—速度关系中的高速区域(即在小负荷下以高速度产生爆发力),而采用大负荷则可以增强力量—速度关系曲线中的大力量的比例(即在大负荷下以低速度产生爆发力)。在弹射式爆发力训练计划中采用组合式负荷的做法,其理论是依据针对力量—速度关系中的所有区域,其目的在于增大整个曲线内爆发力的适应。因此,有的研究者认为应该采取多种负荷组合的方式来训练可以在力量—速度关系中实现全方位的提高,比小负荷或者大负荷训练更显著地提高最大爆发力与运动成绩。

大量的研究与实践表明,采取多种负荷的组合进行训练之后能够明显提高最大爆发力与专项成绩。同时,其中的一些研究结果还表明,最大爆发力与运动成绩的提高幅度,在组合式负荷的训练计划中,比只采取一种负荷或其他负荷组合形式的训练计划要更为显著。但是,类似的研究没有控制各组做的总功,因此很难区分是负荷参数还是完成练习的总功差异所产生的结果。

(五)速度的专项适应性

抗阻训练中速度特异性的理论表明,训练后的生理适应会大于或者接近于训练中所采用的动作速度。但是,与此相冲突的理论则认为,训练适应受到快速运动想法的影响程度更大,而不是实际动作速度。这些相冲突的理论,导致了在围绕正确选择弹射式爆发力训练当中所采用的负荷与练习手段问题方面的混乱。因此,制订一套有效的爆发力训练计划,需要考虑到训练练习所涉及的实际动作速度与预期速度。

研究表明,快速移动的意识会影响到对训练的适应。因此,不管采取哪一种肌肉收缩的类型,负荷动作速度的练习手段中,这一点都是非常重要的。但是,大部分研究都指出,最大爆发中专项速度的提高在很大程度上是由训练中实际动作速度决定的。因此,为了最大限度实现从训练向成绩的转化,运动员应该采用能完成与专项动作相似的动作速度的负荷来训练。除此之外,运动员还应该尝试以尽可能快的速度进行那些旨在产生最大力量的练习。

第四章 青少年身体速度与爆发力训练指导

四、旋转爆发力训练的方法

（一）稳定支撑的旋转爆发力练习

1. 坐姿稳定支撑旋转爆发力练习

（1）坐姿斜下拉气动器械

练习者身体侧对气动器械，两腿分开，坐在凳子上，大腿下压，保持身体重心的平稳，双手握住器械手柄于内侧肩上。练习开始时，髋关节保持稳定，胸椎充分旋转，双手沿着身体转动的趋势向斜下方快速下拉器械手柄，练习过程中身体姿态保持稳定。还原成起始姿势后，再重复练习。

（2）坐姿斜上拉气动器械

练习者身体侧对气动器械，两腿分开坐在凳子上，躯干收紧，大腿下压，保持身体重心的平稳，双手握住器械手柄置于内侧腰际。练习开始时，髋关节保持稳定，胸椎充分旋转，双手沿着身体转动的趋势向斜上方快速上拉器械手柄，练习过程中身体姿态保持稳定。还原成起始姿势后，再重复练习。

（3）坐姿推拉气动器械

练习者身体侧对气动器械，两腿分开坐在练习棍上，躯干收紧，大腿下压，保持身体重心的平稳，两手一前一后握住器械手柄。练习开始时，髋关节保持稳定，胸椎充分旋转，双手沿着身体转动的趋势向对侧快速推拉器械手柄，练习过程中身体姿态保持稳定。还原成起始姿势后，再重复上一次动作。

（4）坐姿正对斜抛实心球

练习者身体正对投掷墙，距墙约1米，坐在练习凳上。双手握住实心球，旋转躯干并将实心球摆至髋关节外侧，使躯干形成扭紧姿势。练习开始时，以躯干发力为主，双手借助身体转动的惯性顺势把球抛向墙面，球弹回后双手接球，利用球的反弹力扭紧身体，还原成基本准备姿势，再重复上一动作。在练习过程中，挺胸抬头，后背收紧，时刻保持腰椎稳定，抛球时手臂伸直。

（5）坐姿背对斜抛实心球

练习者身体背对投掷墙，距墙约1米，坐在练习凳上。双手握住实心球,旋转躯干并将实心球摆至髋关节外侧,使躯干形成扭紧姿势。练习开始时,以躯干发力为主,双手借助身体转动的惯性顺势把球抛向墙面,球弹回后双手接球,利用球的反弹力扭紧身体,还原成基本准备姿势,再重复上一动作。练习过程中,挺胸抬头,后背收紧,时刻保持腰椎稳定,抛球时手臂伸直。

2.跪姿稳定支撑旋转爆发力练习

(1)跪姿斜下拉气动器械

身体侧对器械,呈基本跪姿。双手握住器械手柄,置于身体内侧(器械方向)肩上方,身体向内侧扭紧。练习开始时,髋关节保持稳定,胸椎向外侧充分旋转,双手沿着身体转动的趋势,向斜下方快速下拉器械手柄。练习过程中,挺胸抬头,后背收紧,髋关节保持稳定。还原成起始姿势后,再重复上一次动作。

(2)跪姿正对斜抛实心球

练习者身体正对投掷墙,距墙约1米,双腿呈跪姿。双手握住实心球,旋转躯干并将实心球摆至髋关节外侧,使躯干形成扭紧姿势。练习开始时,以扭紧一侧臀肌发力为主,双手借助身体转动的惯性,顺势把球抛向墙面,球弹回后双手接球,利用球的反弹力扭紧身体,还原成基本准备姿势,再重复上一动作。练习过程中,挺胸抬头,后背收紧,时刻保持腰椎稳定,抛球时手臂伸直。

(3)跪姿侧对斜抛实心球

练习者身体侧对投掷墙,距墙约1米,双腿呈跪姿。双手握住实心球,旋转躯干并将实心球摆至髋关节外侧,使躯干形成扭紧姿势。练习开始时,以扭紧一侧臀肌发力为主,双手借助身体转动的惯性,顺势把球抛向墙面,球弹回后双手接球,利用球的反弹力扭紧身体,还原成基本准备姿势,再重复上一动作。练习过程中,挺胸抬头,后背收紧,时刻保持腰椎稳定,抛球时手臂伸直。

(4)半跪姿斜下"砍"(异侧)

身体侧对气动器械,两腿前后分开,呈半跪姿势,前后支撑腿的大小腿夹角均为90°左右,内侧(器械方向)臀大肌收紧,外侧大腿下压,保持骨盆水平面的平稳,双手握住器械手柄于内侧肩上方,身体向内侧扭紧。练习开始时,髋关节保持稳定,胸椎充分旋转,双手沿着身体转动的趋势,向斜下方快速下"砍",练习过程中身体姿态保持稳定。还原成起

第四章　青少年身体速度与爆发力训练指导

始姿势后,再重复上一次动作。

（5）跪姿斜下"砍"（同侧）

身体侧对气动器械,两腿前后分开呈跪姿,前支撑腿的大小腿夹角为 90°左右,后支撑腿的小腿与地面接近平行,外侧臀大肌收紧,内侧大腿下压,保持骨盆水平面的平稳,双手握住器械手柄,置于内侧肩上方,身体向内侧扭紧。练习开始时,髋关节保持稳定,胸椎充分旋转,双手沿着身体转动的趋势,向斜下方快速下"砍",练习过程中身体姿态保持稳定。还原成起始姿势后,再重复上一次动作。

（6）单腿半跪姿侧对斜抛实心球（异侧）

练习者身体侧对投掷墙,距墙约1米,两腿前后分开,呈单腿半跪姿势,前后支撑腿的大小腿夹角均为90°左右。双手握住实心球,身体向后支撑腿方向扭转,将实心球摆至髋关节外侧,使躯干形成扭紧姿势。练习开始时,以躯干发力为主,双手借助身体转动的惯性,顺势把球抛向墙面,球弹回后双手接球,利用球的反弹力扭紧身体,还原成基本准备姿势,再重复上一动作。练习过程中,挺胸抬头,后背收紧,时刻保持腰椎稳定,抛球时手臂伸直。

（7）单腿半跪姿正对斜抛实心球（同侧）

练习者身体正对投掷墙,距墙约1米,两腿前后分开呈单腿半跪姿势,前后支撑腿的大小腿夹角均为90°左右。双手握住实心球,身体向前支撑腿方向扭转,将实心球摆至髋关节外侧,使躯干形成扭紧姿势。练习开始时,以躯干发力为主,双手借助身体转动的惯性,顺势把球抛向墙面,球弹回后双手接球,利用球的反弹力扭紧身体,还原成基本准备姿势,再重复上一动作。练习过程中,挺胸抬头,后背收紧,时刻保持腰椎稳定,抛球时手臂伸直。

（8）单腿半跪姿侧背对斜抛实心球（同侧）

练习者身体背对投掷墙,距墙约1米,两腿前后分开,呈单腿半跪姿势,前后支撑腿的大小腿夹角均为90°左右。双手握住实心球,身体向前支撑腿方向扭转,将实心球摆至髋关节外侧,使躯干形成扭紧姿势。练习开始时,以躯干发力为主,双手借助身体转动的惯性,顺势把球抛向墙面,球弹回后双手接球,利用球的反弹力扭紧身体,还原成基本准备姿势,再重复上一动作。练习过程中,挺胸抬头,后背收紧,时刻保持腰椎稳定,抛球时手臂伸直。

(9)半跪姿斜上"劈"(异侧)

身体侧对气动器械,两腿前后分开呈半跪姿势,前后支撑腿的大小腿夹角均为90°左右,内侧(器械方向)臀大肌收紧,外侧大腿下压,保持骨盆水平面的平稳,双手握住器械手柄,置于内侧腰际,身体向内侧扭紧。练习开始时,髋关节保持稳定,胸椎充分旋转,双手沿着身体转动的趋势向斜上方快速上"劈",练习过程中身体姿态保持稳定。还原成起始姿势后,再重复上一次动作。

3. 站姿的稳定支撑旋转爆发力练习

(1)站姿斜下"砍"

身体侧对器械,呈基本准备姿势站立。双手握住器械手柄,置于内侧(器械方向)肩上方,身体向内侧扭紧。练习开始时,以内侧臀肌发力为主,下肢做快速蹬地、转髋和伸髋等动作,髋关节、膝关节、踝关节快速充分蹬直,双手沿着身体转动的趋势,向斜下方快速下"砍",练习过程中身体姿态保持稳定。还原成起始姿势后,再重复上一次动作。

(2)站姿斜上拉

身体侧向器械,呈基本准备姿势站立。外侧手握住器械手柄并置于内侧(器械方向)膝关节上方,身体向内侧扭紧。练习开始时,以内侧臀肌发力为主,下肢做快速蹬地、转髋和伸髋等动作,髋关节、膝关节、踝关节快速充分伸直,外侧手沿着下肢转动的轨迹,顺势向斜上方提拉器械手柄至外侧腰部,练习过程中身体姿态保持稳定。还原成起始姿势后,再重复上一次动作。

(3)站姿斜拉上举

身体侧对器械,呈基本准备姿势站立。双手握住器械手柄,身体向内侧(器械方向)扭紧,练习开始时,以内侧臀肌发力为主,下肢做快速蹬地、转髋和伸髋等动作,髋关节、膝关节、踝关节快速充分伸直,双手沿着下肢转动的轨迹,顺势向斜上方提拉器械手柄,手柄超过胸部时顺势上举。练习过程中身体姿态保持稳定,还原成起始姿势后,再重复上一次动作。

(4)站姿推拉

身体侧对气动器械,呈基本准备姿势站立。双手各握住一个器械手柄。练习开始时,下肢以臀肌为主导快速蹬伸,髋关节、膝关节、踝关节快速充分伸直,上肢一侧持器械手柄快速前推,另一侧快速后拉。练习过程中身体姿态保持稳定,还原成起始姿势后,再重复上一次动作。

(二)非稳定支撑的旋转爆发力练习

1. 站姿非稳定支撑旋转爆发力练习

(1)平衡盘站姿斜下"砍"

身体侧对气动器械,两腿左右分开,两脚站在平衡盘上,呈基本准备姿势站立。双手握住器械手柄,置于内侧(器械方向)肩上方,身体向内侧扭紧。练习开始时,以内侧臀肌发力为主,下肢做快速蹬地、转髋和伸髋等动作,髋关节、膝关节、踝关节快速充分伸直,双手沿着身体转动的趋势,向斜下方快速下"砍"。练习过程中身体姿态保持稳定,还原成起始姿势后,再重复上一次动作。

(2)平衡盘站姿斜上"劈"

身体侧对气动器械,两腿左右分开,两脚站在平衡盘上呈基本准备姿势站立。外侧手握住器械手柄并置于内侧膝关节上方,身体向内侧扭紧。练习开始时,以内侧臀肌发力为主,下肢做快速蹬地、转髋和伸髋等动作,髋关节、膝关节、踝关节快速充分伸直,外侧手沿着下肢转动的轨迹,顺势向斜上方提拉器械手柄至外侧腰部。练习过程中身体姿态保持稳定,还原成起始姿势后,重复上一次动作。

(3)平衡盘站姿推拉

身体侧对气动器械,双脚站在平衡盘上,呈基本准备姿势站立,双手各握住一个器械手柄。练习开始时,下肢以臀肌为主导快速蹬伸,髋关节、膝关节、踝关节快速充分蹬直,上肢一侧持器械手柄快速前推,另一侧快速后拉。练习过程中身体姿态保持稳定,还原成起始姿势后,再重复上一次动作。

(4)平衡盘站姿正对斜抛实心球

练习者身体正对投掷墙,距墙约1米,呈基本准备姿势,站于平衡盘上。双手握住实心球,旋转躯干并将实心球摆至髋关节外侧,使躯干形成扭紧姿势。练习开始时,以扭紧一侧臀肌发力为主,下肢做快速蹬地、转髋和伸髋等动作,双手借助身体转动的惯性,顺势把球抛向墙面,球弹回后双手接球,利用球的反弹力扭紧身体,还原成基本准备姿势,再重复上一动作。练习过程中,膝关节不要超过脚尖,挺胸抬头,后背收紧,强调髋关节发力,髋、膝、踝关节充分伸展,旋转过程中保持腰椎稳定,胸椎旋转充分,抛球时手臂伸直。

2.跪姿的非稳定支撑旋转爆发力练习

(1)平衡盘跪姿斜下"砍"

身体侧对器械,两膝跪在平衡盘上,呈基本跪姿。双手握住器械手柄于内侧(器械方向)肩上方,身体向内侧扭紧。练习开始时,髋关节保持稳定,胸椎充分旋转,双手沿着身体转动的趋势,向斜下方快速下"砍"。练习过程中身体姿态保持稳定,还原成起始姿势后,再重复上一次动作。

(2)平衡盘半跪姿斜下"砍"(异侧)

身体侧对气动器械,两腿前后分开,呈半跪姿势,前支撑脚置于平衡盘上,前后支撑腿的大小腿夹角均为90°左右,内侧(器械方向)臀大肌收紧,外侧大腿下压,保持骨盆水平面的平稳,双手握住器械手柄于内侧肩上方,身体向内侧扭紧。练习开始时,髋关节保持稳定,胸椎向外侧充分旋转,双手沿着身体转动的趋势,向斜下方快速下"砍"。练习过程中身体姿态保持稳定,还原成起始姿势后,再重复上一次动作。

(3)平衡盘半跪姿斜下"砍"(同侧)

身体侧对气动器械,两腿前后分开,呈半跪姿势,前支撑脚置于平衡盘上,前后支撑腿的大小腿夹角均为90°左右,外侧臀大肌收紧,内侧大腿下压,保持骨盆水平面的平稳,双手握住器械手柄于内侧肩上方,身体向内侧扭紧。练习开始时,髋关节保持稳定,胸椎向外侧充分旋转,双手沿着身体转动的趋势,向斜下方快速下"砍"。练习过程中身体姿态保持稳定,还原成起始姿势后,再重复上一次动作。

3.坐姿的非稳定支撑旋转爆发力练习

(1)瑞士球坐姿斜下"砍"

练习者身体侧对气动器械,两腿分开坐在瑞士球上,臀大肌收紧,大腿下压,保持身体重心的平稳,双手握住器械手柄于内侧肩上方,身体向内侧扭紧。练习开始时,髋关节保持稳定,胸椎充分旋转,双手沿着身体转动的趋势,向斜下方快速下"砍"。练习过程中身体姿态保持稳定,还原成起始姿势后,再重复上一次动作。

(2)瑞士球坐姿斜上"劈"

练习者身体侧对气动器械,两腿分开坐于瑞士球上,臀大肌收紧,大腿下压,保持身体重心的平稳,双手握住器械手柄于内侧腰间,身体向

第四章　青少年身体速度与爆发力训练指导

内侧扭紧。练习开始时,髋关节保持稳定,胸椎充分旋转,双手沿着身体转动的趋势,向斜上方快速上"劈"。练习过程中身体姿态保持稳定,还原成起始姿势后,再重复上一次动作。

（3）瑞士球坐姿推拉

练习者身体侧向气动器械,两腿分开坐于瑞士球上,臀大肌收紧,大腿下压,保持身体重心平稳,一只手握住器械手柄于身前,另一只手握住器械手柄于身后。练习开始时,髋关节保持稳定,胸椎充分旋转,双手沿着身体转动的趋势向对侧快速推拉器械手柄,练习过程中身体姿态保持稳定。还原成起始姿势后,再重复上一次动作。

（4）瑞士球坐姿背对斜抛实心球

练习者身体背对投掷墙,距墙约1米,练习者坐在瑞士球上。双手握住实心球,旋转躯干并将实心球摆至髋关节外侧,使躯干形成扭紧姿势。练习开始时,以躯干发力为主,双手借助身体转动的惯性,顺势把球抛向墙面,球弹回后双手接球,利用球的反弹力扭紧身体,还原成基本准备姿势,再重复上一动作。练习过程中,挺胸抬头,后背收紧,时刻保持腰椎稳定,抛球时手臂伸直。

第五章　青少年平衡与协调能力训练指导

平衡与协调能力是运动者应具备的一项重要体能素质,在某些运动项目中,这一方面的素质起着决定性的作用。如体操中的鞍马、平衡木等就需要运动员具备出色的平衡与协调能力,如果缺乏这一方面的能力,运动员是很难顺利地完成比赛的。本章就重点讲解平衡与协调能力训练的方法。

第一节　平衡能力训练

一、平衡能力训练概述

平衡是指人体所处的一种稳定状态,以及不论处在何种位置、运动或者受到外力作用时,能自动调整并维持姿势的能力。而平衡能力训练则是指通过各种方法和手段训练和加强人体维持平衡的能力。通过训练,可以激发人体姿势反射,加强前庭器官的稳定性,从而改善平衡功能。

二、平衡能力训练的原则

青少年进行平衡能力训练时需要遵循以下几个基本原则:
(1)从静态平衡开始训练,逐渐过渡到动态的平衡训练。
(2)逐渐加大平衡训练的难度,可以通过缩小支撑面积、提高身体的重心、改变支撑面的稳定程度,以及施加外力的大小等方法增加训练的难度。
(3)从最稳定的体位开始训练,逐步向最不稳定的体位过渡,从坐立位、双腿跪姿、前后分腿跪姿、前后分腿蹲姿到站立位逐渐过渡。

（4）在保持身体平衡的基础上，逐渐增加躯干和四肢的运动。

（5）从睁眼状态下的活动，逐渐过渡到闭眼状态下的活动。

三、平衡能力训练的方法

（一）静态平衡能力训练

1. 瑞士球——坐姿平衡

教学目标：练习学生在非稳定支撑条件下，坐姿保持身体平衡的能力。

动作要领：两名学生配合，一名学生坐在瑞士球上，双手不能扶在瑞士球上，以保持身体的平衡，另一名学生用手不断地给瑞士球适当的推力，练习学生尽量保持身体的平衡。

教学重点：学生控制非稳定支撑界面的能力。

教学难点：配合学生施加力度的控制。

易犯错误：学生为保持身体的平衡，会把过多的身体重心放在支撑腿上。

纠正方法：在练习开始前，让学生整个臀部坐在瑞士球上，脚部轻放在地面上。

训练方法：每组 30 秒，练习 3 组。

注意事项：配合的学生要在瑞士球的各个方向施加持续的力，不可在一点做过多的停留，也不宜突然施加过大的力，导致练习的学生突然失去平衡，导致损伤。

2. 前后分腿蹲姿练习

教学目标：练习学生在前后分腿蹲姿下，保持身体平衡的能力。

动作要领：学生前后分腿蹲姿，腰背挺直，肩、髋与后支撑腿的膝关节在一条直线上，后支撑腿的膝关节与地面距离 5 厘米左右，后脚脚尖支撑，前后支撑腿尽量保持在一条直线上，双臂伸直置于胸前，保持身体平衡。

教学重点：学生在前后分腿蹲姿的状态下，身体保持平衡的能力。

教学难点：两腿在矢状面接近成为一条直线时，身体持续保持平衡能力。

易犯错误：学生为保持身体的平衡，后腿膝关节离地面过远。

纠正方法：在练习前，规定好后膝关节距离地面的高度，在练习中持续提示练习学生将膝关节置于规定的高度上。

训练方法：每组 20～30 秒，练习 3 组。

注意事项：对平衡能力较弱的学生，在训练时可通过抬高后腿膝关节距离地面的距离，或加宽两腿之间的宽度，以达到降低难度的目的。

3. 单腿支撑站立

教学目标：发展学生静态平衡能力。

动作要领：学生单腿支撑，非支撑腿向上抬起，大腿与地面平行，双手自然张开保持平衡。

教学重点：发展学生静态下的身体平衡能力。

教学难点：学生长时间保持身体稳定的能力。

易犯错误：非支撑腿抬起的高度过低，降低了练习的难度。

纠正方法：提示学生将腿抬到标准位置。

训练方法：每组练习 30～50 秒，练习 3 组。

注意事项：对平衡能力较差的学生，可适当地降低训练的难度。

4. 单腿支撑——闭眼站立

教学目标：发展学生本体感觉状态下的平衡能力。

动作要领：学生单脚支撑，另一条腿抬起，大腿与地面平行，双眼紧闭，双手自然张开，保持平衡。

教学重点：学生闭眼时，身体的控制能力。

教学难点：闭眼时，学生保持身体平衡的时间。

易犯错误：学生为保持身体的平衡，降低非支撑腿抬起的高度。

纠正方法：提示学生尽量将非支撑腿抬到规定的标准位置。训练方法：每组 20～40 秒，练习 3 组。

注意事项：学生之间应互相保护，防止练习学生失去平衡导致受伤。

5. 单腿支撑——对抗外力闭眼不倒翁

教学目标：练习学生在闭眼单腿支撑对抗外力时，身体保持平衡的能力。

动作要领：两名学生配合，一名学生闭眼单脚支撑站立，另一条腿抬起，大腿与地面平行，双手自然张开，保持身体平衡，另一名学生适当地、不定时地给练习的学生一定的力，练习的学生尽量地保持身体平衡。

教学重点：学生在闭眼时，对抗不规律外力时，身体保持平衡的能力。

教学难点：学生在闭眼时，保持平衡能力的基础上，对抗外力的能力。

易犯错误：为保持身体的平衡，非支撑腿抬起的高度过低。

纠正方法：提示学生，将非支撑腿抬到规定的标准位置。

训练方法：每组 20～30 秒，练习 3 组。

注意事项：注意配合学生施加力的力度，不宜过大，以免造成练习学生突然失去平衡导致的损伤。

（二）动态平衡能力训练

1. 瑞士球——坐姿弹力带拉

教学目标：练习学生在控制非稳定支撑界面条件下，上身对抗外力时，身体保持平衡的能力。

动作要领：两名学生配合，一名学生坐在瑞士球上，双手握住弹力带的一端，双臂伸直在胸前，另一名学生握住弹力带的另一端，不断地给练习的学生各个方向的力，练习的学生尽量保持身体平衡。

教学重点：学生在坐姿非稳定情况下，对抗外力时，身体保持平衡的能力。

教学难点：学生在控制非稳定支撑条件下，身体持续对抗外力的能力。

易犯错误：为对抗外力时保持身体平衡，身体大部分的重心落在双脚上。纠正方法：在训练中提示学生，尽量将身体的重心置于臀部。

训练方法：每组 30～40 秒，练习 3 组。

注意事项：配合学生拉弹力带的力量要适中，防止力量过大，导致练习学生不必要的损伤。

2. 平衡垫——跪姿弹力带拉

教学目标：练习学生在非稳定界面上，跪姿对抗外力时，身体保持平衡的能力。

动作要领：两名学生相互配合，一名学生双腿屈膝跪在平衡垫上，腰背挺直，肩、髋、膝在一条直线上，双手握住弹力带一端，双臂伸直置于胸前；另一名学生手握弹力带另一端，给练习学生施加各个方向的力，练习学生尽量保持身体平衡。

教学重点：学生在非稳定跪姿状态下，上身对抗外力时，身体保持平衡的能力。

教学难点：当两条腿在矢状面成一条直线、对抗外力时，持续保持身体平衡的能力。

易犯错误：为保持身体平衡，两腿之间的宽度过宽，降低了训练的难度。

纠正方法：在训练前，规定两腿之间的宽度，并要求学生在练习时保持宽度不变。

训练方法：每组 30～40 秒，练习 3 组。

注意事项：对于平衡能力较差的学生，可以适当地降低难度，可以通过加宽两腿之间的宽度或减轻拉动弹力带的力度来达到降低难度的目的。

3. 单腿支撑——单手触点

教学目标：练习学生在单脚支撑条件下，上身运动时身体保持平衡的能力。

动作要领：学生单腿支撑，非支撑腿可自由放置，但不可接触其他任何物体，包括支撑腿，在学生身体的前、后、左、右及斜方向摆置 8 个标志点，学生非支撑腿同侧手，按照顺时针方向的顺序，依次触摸标志点，另一侧手自然放置，保持身体平衡。

教学重点：单腿支撑情况下，上肢运动，身体保持平衡的能力。

教学难点：在身体保持平衡的基础上，尽量扩大手指触碰的距离。

易犯错误：在触碰标志点时，为保持身体的平衡，过多地将身体重心移到手部。

纠正方法：在训练前，将练习的要求讲清楚，在训练中不断提示并纠正学生错误的动作。

训练方法：每组练习 30～50 秒，练习 3 组。

注意事项：标志物摆放的距离，根据学生的能力来调整，并要求学生尽量完成规定任务。

4. 单腿支撑——抛接球

教学目标：发展学生上身运动时身体的平衡能力。

动作要领：两名学生相对站立，其中一人抬起一条腿，大腿与地面平行，两名学生相互抛球，可以适当地加大抛球的难度，给对方加大接球的难度。

教学重点：练习学生在接球时身体保持平衡。
教学难点：陪练学生抛球的角度及力度的控制。
易犯错误：在接球时，练习学生的非支撑腿没有抬到规定的高度。
纠正方法：提示学生将腿抬到标准位置。
训练方法：每组练习30秒，练习3组。
注意事项：陪练学生抛球的力度要适当，距离不宜过远或过近。

5. 单腿支撑——双人推手

教学目标：发展学生对抗条件下的平衡能力。
动作要领：两名学生相对站立，单腿支撑，另一条腿抬起，大腿与地面平行，两名学生互相推手，保持平衡。
教学重点：对抗条件下，学生平衡能力的保持。
教学难点：学生在练习时力量的控制。
易犯错误：在推手时，非支撑腿没有抬到标准位置。
纠正方法：提示学生将腿抬到标准位置。
训练方法：每组练习30秒，练习3组。
注意事项：练习时严禁学生之间恶意用力，导致学生损伤。

6. 头顶物体直线走

教学目标：练习学生在行走时，保持上身平衡稳定的能力。
动作要领：在地上画一条直线，学生在头上顶一物体（可以用书本），然后双脚踩着直线向前行走，双手自然张开，保持平衡，不能用手扶头上的物体，尽量保持头上的物体不掉落。
教学重点：学生在行走过程中保持稳定的能力。
教学难点：行走时保持头顶的物体不掉落。
易犯错误：行走时双手不自觉触碰头上的物体。
纠正方法：让学生在先保证头上物体稳定性的前提下，逐渐加快行走的速度。
训练方法：每组10米，练习3组。
注意事项：练习时学生之间的间隔要比较大，避免相互间的影响。

7. 平衡垫——单腿支撑弹力带拉

教学目标：练习学生在非稳定支撑状态下对抗外力时，身体保持平衡的能力。

动作要领：两名学生配合，一名学生单腿支撑站立在平衡垫上，另一条腿抬起，大腿与地面平行，双手握住弹力带的一端，双臂伸直在胸前，另一名学生握住弹力带的另一端，不断地给练习学生各个方向的拉力，练习学生尽量保持身体平衡。

教学重点：在对抗外界环境阻力的同时保持身体平衡。

教学难点：学生在非稳定支撑状态下，持续对抗外力时，身体保持平衡的能力。

易犯错误：为保持身体平衡，非支撑腿抬起的高度过低。

纠正方法：提示学生，将非支撑腿抬到规定的位置。

四、平衡能力训练的原则与注意事项

（一）平衡能力训练的原则

1. 支撑面积由大变小

通过身体在运动中的支撑面积由大逐渐变小来进行训练，从最稳定的体位通过训练逐步进展至最不稳定的体位。在进行平衡训练时，为了保证训练效果，在初始阶段，所选择的体位应该是支撑面较大的、辅助器具较多的。当训练者的平衡稳定性有所提高之后，可根据平衡稳定性的程度逐渐减小支撑面积和辅助器具，从而达到逐渐提升其平衡稳定性的效果。

2. 从静态平衡到动态平衡

在进行平衡训练时，首先应该从维持稳定、静态的姿势开始，然后逐渐向动态平衡过渡。在这种原则指导下，训练者有可能在坐位或立位的姿势下灵活自如地完成日常的生活动作。具体方法为：人体支撑面积缩减和身体重心的提高要逐渐进行；要保持稳定性训练，并且在此前提下，使头颈和躯干运动逐渐增加；从睁眼时训练逐渐向闭眼训练过渡。

3. 身体重心逐步由低到高

教练员可改变训练者的训练体位来变换身体重心的高度，初期平衡训练时在仰卧位下进行，逐步进展至坐位、手膝位、双膝跪位，再进展至

第五章 青少年平衡与协调能力训练指导

站立位。身体的重心随着训练体位的改变而逐渐提高,平衡训练的难度也将逐步加强。

4. 从维持平衡到平衡被破坏时的姿态维持

在初始阶段,只是要求训练者在不同的支撑面大小、不同的重心高度等条件下,维持身体的平衡。在逐步提升平衡功能后,教练员在训练者平衡训练中加以干扰,从而对训练者的平衡状态加以破坏。训练者需要在平衡被破坏时控制身体,重新找回平衡状态,维持姿态稳定。在施加干扰时,教练员要注意,干扰方式要适当和及时进行保护,防止跌倒等情况的发生,避免二次伤害。

5. 在注意力集中下保持平衡和在不注意下保持平衡的训练

在训练的早期阶段,教练员可以先告诉训练者在推动时要求其保持平衡,随着训练的发展,在不告知训练者、训练者不注意的情况下突然发力推动患者,要求患者继续保持平衡。

6. 视觉屏蔽

在训练的初始阶段,训练者正常地进行平衡功能的训练。然后逐步在训练中由睁眼过渡到闭眼,将视觉的影响屏蔽掉。

7. 破坏前庭器官的平衡来保持身体的平衡

这一方法能够进一步提高训练者的平衡能力,常常用来治疗晕车、晕船等。

(二)平衡能力训练的注意事项

(1)应培养学生运动前做好准备活动,预防运动损伤的意识。平衡训练中借助一些器械以创造非稳定环境,练习难度较大,因此训练前应充分做好准备活动,预防运动损伤。

(2)运动中要遵循循序渐进的原则,要从最基本、最简单的平衡训练开始,逐渐向难度较大的平衡训练过渡。

(3)安排训练内容时,要注意学生之间区别对待。学生是处在发展中的人,但是由于遗传因素、身体发展的速度不同,学生之间的平衡能力是有差异的,所以在进行平衡训练时,要注意学生之间的区别对待,逐渐提高不同学生的平衡能力。

（4）增加学生的平衡能力，预防其在生活及体育锻炼中的损伤，在进行平衡训练时，也要做好训练时的保护工作，避免因为疏忽而造成损伤。

第二节　灵敏与协调性训练

一、影响灵敏与协调素质发展的因素

（一）智力发展水平和敏捷的思维能力

灵敏素质是人体体能素质的重要内容，因此青少年运动员一定要在平时的运动训练中提升自身的灵敏素质。要想做到这一点，运动员要具有良好的智力水平和敏捷的思维能力，这是灵敏素质发展和提高的重要保障。

青少年运动员能否提高运动技术水平，能否熟练地运用技战术，能否制定科学的训练计划等，这些都在一定程度上取决于运动员的智力发展水平和敏捷的思维判断能力。作为一名优秀的运动员，只具备出色的技术能力还是不够的，还需要具备各方面的体能素质与智力水平。总之，运动员的智力水平在一定程度上影响人体灵敏素质的发展，青少年运动员在训练时要高度重视。

（二）运动综合素质发展水平

灵敏素质可以说是运动员的一种综合能力，是运动员力量素质、耐力素质、速度素质、柔韧素质等方面能力的具体体现。以上几种体能素质与灵敏素质之间都有极为密切的关系，它们相互影响、相互促进、共同发展，其中任何一种能力的发展和变化都会对灵敏素质的发展产生一定的影响。因此在平时的训练中一定要将各种体能素质训练充分结合起来进行。

（三）运动实践经验的丰富度

大量的研究与实践表明，运动员在具备出色的技术能力前提下，学

习能力也越强,从而形成一种良性循环,而学习能力强的运动员往往具有很强的创造能力,同时表现出较高的灵敏素质。通过长期的运动训练,青少年运动员自身技术能力不断提高,同时也拥有了丰富的实践经验,这会对其各项身体素质产生重要的影响,会影响到灵敏素质的发展和提高。

（四）年龄、性别因素

青少年运动员正处于身体快速增长或身体发育的后期,在这一时期,他们的灵敏素质会有所下降,但也比较稳定。在这一时期加强灵敏素质的训练是尤为重要的,这将对运动员运动能力的提高产生重要影响。

大量实践表明,灵敏素质还与人的性别有着一定的关系。青春期以前,女性的灵敏素质要优于男性,而在青春期之后,男子的灵敏素质逐渐优于女子,这是灵敏素质发展的一个特点和规律。因此青少年灵敏素质的训练要充分把握性别这一特点及规律,有针对性地进行训练。

（五）运动疲劳程度

青少年运动员长期参加运动训练,难免会出现一定的运动疲劳,如果疲劳程度过高,就会导致人体中枢神经系统或机体活动能力的降低。在这样的情况下,运动员就会表现出反应迟钝、速度下降,动作不协调等现象,灵敏素质也呈现出明显降低。由此可见,运动疲劳也严重影响到运动员的灵敏素质发展。在运动训练中及时消除疲劳是保证灵敏素质发展和提高的重要手段。

（六）情绪变化

大量的研究与实践表明,人的情绪也会在一定程度上影响灵敏素质的发展和提高。具体表现为,情绪高涨时人的灵敏性会有所提高,而在情绪低落时,灵敏性则会随之降低。基于这一情况,青少年运动员一定要保持良好的心态和情绪参加体能训练。在良好的情绪和精神状态下参加运动训练,青少年运动员的头脑会非常清楚,身体充满了力量,因此做出的动作也轻快灵活,身体各部位都呈现出较高的灵敏性。由此可见,情绪对青少年运动员的体能训练也会产生重要的影响,因此运动员在参加灵敏素质训练时一定要保持良好的情绪。

（七）气温降低

青少年运动员在潮湿低温的环境下参加灵敏素质训练，也会在一定程度上降低关节的灵活度与肌肉韧带的伸展性，从而导致灵敏素质下降。因此，青少年运动员要尽量避免在气温过低的条件下参加灵敏素质的训练。

二、灵敏与协调性训练的方法

（一）快速制动与起动能力训练

1. 加速—制动训练

（1）训练目的

促进运动员在快速运动中制动身体能力的提高，从而促进其灵敏性的增强。

（2）训练方法

①教练员发出"跑"的口令，运动员听到口令的同时迅速加速。

②教练员击掌，运动员听到击掌的声音时，尽可能以最短的时间将速度减到零。

③反复练习。

（3）训练要点

①要果断加速，尽可能地增加到最大速度。

②通过降低身体重心，减小步幅来达到减速的目的。

2. 加速—制动—再起动训练

（1）训练目的

促进运动员快速起动与快速制动能力的提高，从而促进其灵敏性的增强。

（2）训练方法

①教练员发出"跑"的口令，运动员听到口令的同时迅速加速。

②教练员击掌，运动员听到击掌的声音时，迅速减速。

③教练员再次击掌，运动员听到声音时立即加速。

（3）训练要点

①每次都要果断加速,尽可能地增加到最大速度。

②通过降低身体重心,减小步幅来达到减速的目的。

③教练员要及时进行第二次击掌,待运动员的速度几乎减到零时开始击掌。

3. 加速—制动—变向训练

（1）训练目的

促进运动员快速起动、制动以及变向能力的提高,从而促进其灵敏性的增强。

（2）训练方法

①教练员发出"跑"的口令,运动员听到口令的同时迅速加速。

②教练员击掌,运动员听到击掌的声音时,迅速减速。

③教练员在运动员的速度几乎减到零时发出"左""右"或"后"的口令,运动员听到口令后,按照口令的指示迅速加速跑。

（3）训练要点

①教练员要及时发出口令。

②运动员变换方向时,先转动头部,然后直线加速跑。

(二)灵敏步伐训练

1. 扇形跑

（1）训练目的

促进脚步灵活性的提高。

（2）训练方法

①将6个标志软盘摆放成一个扇形的形状,其中一个作为扇形的顶点,另外五个以顶点为圆心围成半径为4~6米的扇形。

②运动员站在第一个标志盘处,正向朝第二个标志盘处冲刺,到达第二个标志盘后绕过此标志盘快速向第一个标志盘退回。

③运动员再次从第一个标志盘处出发,侧滑到第三个标志盘,到达第三个标志盘后绕过此标志盘再侧滑到起点。

④运动员再次从第一个标志盘处出发,交叉步到第四个标志盘,到达第四个标志盘后,绕过此标志盘再交叉步到起点。

⑤运动员再次从第一个标志盘出发,双脚左右跳到第五个标志盘,到达第五个标志盘后,绕过此标志盘再双脚前后跳向起点。

(3)训练要点

①练习过程中,每种步伐都要保持正确,以前脚掌着地,控制好身体重心。

②练习过程中要注意加速,以达到良好的训练效果。

2. 多向跑

(1)训练目的

促进运动员反应能力、快速位移能力以及变向能力的提高。

(2)训练方法

①以一点为中心在8个方向分别将8个标志盘摆放好,每个标志盘与中心之间均有4米长的间隔距离。

②运动员选择任意一个标志盘为出发点,则该标志盘编号为1,然后顺时针依次为其他标志盘编号。

③运动员从1开始出发,以双脚前后跳或左右跳的方式移动到中心点,教练员发出任意编号的口令,运动员听到口令的同时尽可能快地向相应编号的标志盘处冲刺。

④然后再向出发点移动,准备再次练习。

(3)训练要点

①当教练员发出口令后,运动员要以自己最快的速度向目标方向冲刺。

②如果运动员在听到口令后第一反应错误,应重新开始练习。

3. Z字形跑

(1)训练目的

练习滑步技能,促进滑步的速率和灵活性的提高。

(2)训练方法

①将8~10个标志软盘摆放成Z字形,每个标志软盘之间间隔3米的距离。

②运动员半蹲,稍微向前倾上体,腰腹收紧,头抬起。

③运动员在第一个标志盘处进行侧前或侧后滑步。

④到达第二个标志盘后变化方向朝第三个标志盘滑动。依次类推,直到滑步到最后一个标志盘,结束训练。

（3）训练要点

①运动员要以正确的姿势进行滑步练习，以前脚掌着地，身体重心要保持稳定。

②转换方向时速度要尽量快，距离要尽量短。

4. 前后变向跑

（1）训练目的

提高运动员向前、向后变向的速度，并促进变向有效性的提高。

（2）训练方法

①将 4～6 个标志盘放置在不同位置，每个标志盘之间应保证运动员有足够的空间，将向后退 4 步及 5～10 米斜侧方向的冲刺完成。

②运动员站在起始位置，快速向后退 4 步。

③退后 4 步后在不减速的前提下向前转身，向下一个标志盘冲刺。

④运动员到达下一个标志盘后不制动，后转身倒退跑 4 步。

⑤运动员按照此顺序进行练习，直到冲刺到最后一个标志盘处。

（3）训练要点

①左右交替摆放标志盘，以保证训练的均衡性。

②可以将标志盘都摆放到运动员的弱侧，以促进其弱侧的专项能力提高。

5. 蜘蛛拉网跑

（1）训练目的

促进运动员折返跑能力的提高。

（2）训练方法

①将 6 个标志盘摆放成长 8 米、宽 4 米的长方形，在长边各摆放 3 个标志盘，每条长边上标志盘之间的间隔距离为 4 米。

②运动员从一个长边的中点出发（该点为原点），冲刺到任意一个标志盘处，用手触摸标志盘后快速转身向原点冲刺。

③到达原点后再次快速转身向另一个标志盘冲刺，用手触摸标志盘后快速转身向原点冲刺，按照同样的方法依次跑完所有标志盘。

（3）训练要点

①运动员在折返时，首先要降低身体重心，然后主动伸脚转身，快速完成转向跑。

②为保证训练的强度，运动员每次折返跑时都必须先回到原点。

6. 快速绕"点"跑

（1）训练目的

促进运动员身体控制能力和脚下灵活性的提高。

（2）训练方法

①将4个标志盘摆成边长为5～7米的正方形。

②运动员任选一个标志盘作为出发点，快速冲向下一个标志盘的内缘，然后以小碎步迅速从标志盘绕过，再向下一个标志盘的内缘冲刺。

③依次类推，跑完所有标志盘。

（3）训练要点

①运动员从冲刺变为从标志盘绕过时尽量保持速度不变，不要减速与制动。

②从标志盘绕过时，尽可能与标志盘的外缘相靠近，距离标志盘不能太远。

（三）栏架训练

1. 正向单腿跑动练习

（1）训练目的

①促进运动员跑动姿态的改善。

②促进运动员协调性和身体控制能力的发展。

③促进运动员单侧跑动腿的技术和力量强化。

（2）训练方法

①将6～12个栏架沿直线放置在室内或室外场地上，相邻两个栏架之间间隔60～90厘米的距离。

②运动员面对栏架，站在栏架组的一端，一条腿放在栏架内（活动腿），另一条腿放在栏架外（不动腿）。过栏时，活动腿在栏间跑动，腿要保持90°弯曲，大腿与地面平行，小腿与地面垂直，依次从栏架上跨过，随着活动腿的移动，身体重心也要随之移动，活动腿的脚要有明显扒地动作，从而产生向前的动力，尽量伸直不动腿，不动腿被动跟随活动腿移动，起到支撑身体的作用。

③按照上述方法完成训练。

（3）训练要点

①摆臂动作要准确,手脚配合要协调。

②活动腿要积极主动过栏,将跑动节奏掌握好。

③要集中注意力,目光平视前方的栏架,上身正直或稍微前倾。

④两腿依次作为活动腿进行训练。

⑤训练初期使用小栏架进行练习,待运动员熟练之后,可根据运动员的身高适当增加栏架高度与栏间距离。

2. 侧向单腿跑动练习

（1）训练目的

①促进运动员侧向移动能力、协调性和身体控制能力的提高。

②促进运动员单侧跑动腿的技术和力量强化。

（2）训练方法

①将 6～12 个栏架沿直线放置在室内或室外场地上,相邻两个栏架之间间隔 60～90 厘米的距离。

②运动员面对栏架,站在栏架组的一端,一条腿放在栏架内（活动腿）,另一条腿放在栏架外（不动腿）。侧向过栏时,活动腿在栏间侧向移动,腿要保持 90°弯曲,大腿与地面平行,小腿与地面垂直,依次从栏架上跨过,随着活动腿的移动,身体重心也要随之移动,活动腿的脚要有明显扒地动作,从而产生向前的动力,尽量伸直不动腿,不动腿被动跟随活动腿移动,起到支撑身体的作用。

③重复上述动作完成练习。

（3）训练要点

①活动腿要积极主动过栏,将跑动节奏掌握好。

②摆臂动作要准确,手脚配合要协调。

③两腿依次作为活动腿进行训练。

④要集中注意力,目光平视,上身正直或稍微前倾。

⑤训练初期使用小栏架进行练习,待运动员熟练之后,可根据运动员的身高适当增加栏架高度与栏间距离。

3. 正向跑动栏间变向练习

（1）训练目的

①促进运动员协调性、灵敏性、脚下快速移动和变向能力的发展与提高。

②促进运动员跑动时的节奏感和神经控制支配能力的提高。
（2）训练方法
①将6～12个栏架沿直线放置在室内或室外场地上，每2个栏架为1组，组内2个栏架之间间隔60～90厘米的距离，每组栏架之间间隔2～3米的距离，在每组栏之间离摆放直线两边侧面2～3米处分别放置1个标志盘。可以根据训练目的灵活调整每组栏架的数量和栏架间的距离。
②运动员站在第一组栏架的一端，以规范的跑动技术依次从第一组的两个栏架跨过，当跨完第1组后，迅速跑向左侧的标志盘，到达标志盘后降低重心，用手触摸标志盘，然后转向迅速朝右侧的标志盘跑，同样降低重心，用手触摸标志盘，触摸后迅速向下一组栏架冲刺。
③按照相同的方法跑完所有栏架。
（3）训练要点
①跑动技术要准确规范，手脚配合要协调。
②将跑动节奏掌握好。
③侧向移动时身体重心要降低，要迅速变向，不要减速，更不能制动。
④过栏时要主动抬膝跑动，不允许跳跃。
⑤要集中注意力，目光平视前方的栏架，上身正直或稍微向前倾。

4. 侧向跑动栏间变向练习

（1）训练目的
①促进运动员协调性、灵敏性、脚下快速移动和变向能力的发展与提高。
②促进运动员跑动时的节奏感和神经控制支配能力的提高。
（2）训练方法
①将6～12个栏架沿直线放置在室内或室外场地上，每2个栏架为1组，组内2个栏架之间间隔60～90厘米的距离，每组栏架之间间隔2～3米的距离，在每组栏之间离摆放直线两边侧面2～3米处分别放置1个标志盘。可以根据训练目的灵活调整每组栏架的数量和栏架间的距离。
②运动员侧对栏架，站在第一组栏架的一端，与栏架相靠近的一侧腿为领先腿，运动员以规范的侧向跑动技术，依次从第一组的两个栏架上跨过，跑完第一组后，快速降低身体重心后退跑向标志盘，然后迅速

跑向栏架另一侧的标志盘,降低身体重心用手触摸该标志盘,之后快速向栏架中线退回,向下一组栏架冲刺。

③按照相同的方法跑完所有栏架。

(3)训练要点

①将跑动节奏掌握好。

②跑动技术要正确,手脚配合要协调。

③过栏时要主动抬膝跑动,不允许跳跃。

④后退跑时身体重心要降低,要迅速变向,不要减速,更不能制动。

⑤要集中注意力,目光平视,上身正直或稍微向前倾。

⑥由于此项练习难度比较大,因此一般都使用低栏架,不用高栏架。

三、提高灵敏与协调素质的游戏训练

(一)夜间搜索

1. 目的

提高青少年运动员的判断力及快速反应能力。

2. 练习准备

准备好手帕若干块;一块平坦的场地并在地上画若干个直径为3米的圆圈。

3. 练习方法

青少年依据自愿的原则四人为一组,其中两人用手帕将眼睛蒙上站在圈内,另两人站在圈外。教师发令后,圈内练习者用手去搜索对方,在规定的时间内,谁抓住对方得1分。然后圈内外的人交换,按同样方法反复练习。最后积分多者获胜。

4. 注意事项

(1)圈内的运动员在互相追逐时,不能出圈。

(2)抓人者可以抓对方身体的任何部位,但不能用脚踢对方。

(3)不准向任何人提供搜索的方向,否则就会被判出局。

（二）拨球绕圈

1. 目的

培养和提高青少年运动员的灵敏素质，提高运动员控制球的能力。

2. 练习准备

排球2个，体操棒2根，实心球12个。一块平坦的场地，场地上画一条起点线，距起点线10米处各画两个直径为2米的圆，两圆之间相距4米。在圆圈上分别摆上6个实心球。

3. 练习方法

运动员分成人数相等的两队，面对圆成纵队站在起跑线后。各队第一人手持一根体操棒，起跑线前各放一个排球。教练员发出开始的口令后，各队第一人用棒拨球（地滚球）前进，到圆圈处逐个绕过实心球，返回起点，把球停放在起点线前，把棒交给第二人，第二人迅速按同样方法进行练习，依次类推。先完成比赛的队伍获胜。

4. 注意事项

（1）运动员在拨球前进时，球不能离开地面，若离开地面，教练员要给予警告并让其返回重新开始。

（2）球要逐个绕过实心球，否则就视为犯规，重新开始。

（三）一切行动听指挥

1. 目的

培养和提高青少年运动员集中注意力的能力。

2. 练习准备

准备好红旗、绿旗各一面，一块平坦的场地，并在场地上画两条相距20米的平行线，分别为起点线和终点线。

3. 练习方法

把运动员分为人数相等的四队，成纵队站在起点线后，教练员站在练习者对面的终点线上，两手各持红、绿小旗，指挥练习者行动。

练习开始后,教练员举起绿旗,各队向前走;放下绿旗,举起红旗,各队停止前进。反复练习若干次,先到达终点的队伍获胜。

4. 注意事项

要按规则据信号行动,练习者做好互相监督。破坏规则者要受到相应的惩罚。

(四)紧跟引导人

1. 目的

提高青少年运动员快速反应能力和身体的灵活性。

2. 练习准备

一块平坦的场地。

3. 练习方法

运动员分为人数相等的几个小组。教练员喊口令,练习者听口令,手拉手跟着对方队长往前跑,边跑边跟着队长做动作。每个组的队长要尽量做出复杂的动作,造成队员的失误。练习中如果有人松手一次或动作未跟上则扣1分,在规定的时间以扣分少的队为胜。

4. 注意事项

每个队的队长必须要听从教练员的口令做动作,主要以下肢动作为主。违反规则者要受到一定的惩罚。

(五)机警换位

1. 目的

培养和提高青少年运动员的快速反应能力。

2. 练习准备

一块平坦的场地。

3. 练习方法

运动员分为人数相等的两队,间隔3米,成二列横队面对面站立,选出一人做守卫人,站在两列横队中间。练习开始后,队列中的人要与对面的人互换位置,并且不被守卫人发现。守卫人则要竭力监视所有企图换位的人,一经发现立即喊出他的名字,被喊出名字的队员与守卫人互换,继续练习。

4. 注意事项

(1)换位必须双方互换,只有一方换过去,若被守卫人喊出名字,也算被发现。

(2)守卫人如果发现换位,必须在其换位动作完成前喊出名字,方才有效。

(六)扶棒

1. 目的

提高青少年运动员动作快速反应能力及身体灵敏度。

2. 练习准备

准备好体操棒一根,在场地上画一个圆。

3. 练习方法

运动员站在圆圈上面对圆心,从排头依次报数,每人记住自己的号数,选出一人站在圆心扶住体操棒。练习开始,扶棒人喊出一个练习者的号数时,马上松开扶棒的手,被喊号的人应立即跑去扶棒,与原来扶棒的人交换位置,再按同样方法继续进行。每次轮换中没扶住棒的练习者为失败。

4. 注意事项

(1)扶棒人不得故意推、拉棒,否则视为犯规。

(2)所喊的号数必须是本队有的号数。

(七)看谁打得准

1. 目的

提高青少年运动员准确的动作判断能力,提高运动员所做动作的规范性。

2. 练习准备

准备好体操棒若干根,手帕若干块。在平整的场地上画若干个边长为 40 厘米的正方形。

3. 练习方法

运动员按自愿原则每两人为一组,各组一人原地站立,一人手持体操棒把棒压在目标上,持棒人用手帕把眼睛蒙上做好准备。听到教练员发出口令后,拿棒者原地转三圈,用木棒打击一次目标为一组动作,连续做三组动作,每击中一次目标者得 1 分,然后换另一人做同样动作,两人轮流进行。练习结束时,以积分多者为胜。

4. 注意事项

练习者转三圈以后只能打击一次目标,不能连续击打,否则会被视为犯规并接受相应的惩罚。

第六章 青少年渐进性功能训练指导

渐进性功能训练可以说是一种重要的身体康复手段与技术。伴随着运动训练理论与实践的不断发展，运动训练中的整体性、功能性等越来越受到重视。通过渐进性功能训练，运动员的机体能得到良好的恢复，从而为接下来的训练提供良好的保障。

第一节 上肢渐进性功能训练

一、胸大肌和三角肌前束

胸大肌是上肢的主要动力来源，其锁骨部可完成屈曲肩关节，胸骨部可完成内收和伸展肩关节，联合收缩可以完成水平内收肩关节。三角肌前束的主要功能是屈曲肩关节和水平内收肩关节，在功能活动中常与胸大肌联合作为主动肌群。

（一）肌肉独立训练

1. 仰卧位短杠杆飞鸟

仰卧位，双膝关节屈曲，脊柱、颈部和肩胛骨保持在中立位。起始姿势为两侧肩关节屈曲90°，上臂保持在垂直位，肘关节屈曲，平稳地向体侧打开上肢，肘关节保持屈曲，到达水平位后肌群收缩，回到起始位置。

2. 仰卧位长杠杆飞鸟

仰卧位，双膝关节屈曲，脊柱、颈部和肩胛骨保持在中立位。起始姿势为两侧肩关节屈曲90°，上肢保持在垂直位，肘关节微屈。平稳地向体侧打开上肢，到达水平位后肌群收缩，回到起始位置。

第六章　青少年渐进性功能训练指导

（二）肌肉独立抗阻训练

1. 仰卧位短杠杆抗阻飞鸟

仰卧位，双膝关节屈曲，脊柱、颈部和肩胛骨保持在中立位。起始姿势为两侧肩关节屈曲90°，上臂保持在垂直位，肘关节屈曲，双手握哑铃加阻力。平稳地向体侧打开上肢，肘关节保持屈曲，到达水平位后肌群收缩，回到起始位置。应避免上肢分开过宽。

2. 半卧位抗阻飞鸟

半卧在倾斜支持面，双脚平放在支持面上，腹肌收缩，脊柱、颈部和肩胛骨保持在中立位。从双上肢垂直于地面，肘关节微屈姿势开始，有控制地，缓慢张开，直到上臂与胸部同一水平。收缩胸肌，回到起始位置。应避免运动范围过大，肘关节和腕关节保持伸展。

（三）加入功能训练体位

1. 站立位弹力管练习

双手握交叉弹性软管，背对墙面固定点、柱子或者搭档，双足前后分开站立，处于最佳的阻力位置。手握弹性管于肩关节前方，软管置于上臂下方。从背部看，头到脚后跟保持一条直线。收缩腹肌，保持脊柱、颈部、骨盆和肩胛骨的中立位。在胸部的水平位向前推出。

2. 仰卧位瑞士球飞鸟

仰卧于瑞士球上，肩关节、颈部和头靠在球上，与整个下肢保持在平直的位置，臀肌和腹肌收缩。起始，肩关节屈曲90°，上肢垂直，肘关节微屈。慢慢打开并降低上肢，肘关节保持稳定。收缩胸肌，回到起始位置。双足并拢可能会增加训练的难度。

（四）功能和阻力的联合增加

1. 坐位拉力器练习

坐在板凳上，后背无支撑。脊柱、颈部和肩胛骨保持在稳定的中立位。双上臂平举与胸同高，摆放成飞鸟的位置，将手柄分别拉向对侧，同时收缩胸肌。控制拉长的阶段，避免运动范围过大。保持肩关节下压，远离两耳,不要耸肩。

2. 站位无轨迹训练器飞鸟

背对训练器站立(使用高位滑轮,拉线交叉),下肢分立。从背部看,保持从头到脚跟的直线。膝关节自然站立。腹肌收缩,脊柱、颈部和肩胛骨保持在中立位,肘关节微屈。在胸部前面将手柄分别拉向对侧,同时收缩胸肌。控制拉长的阶段,避免运动范围过大。

(五)对多个肌群增加阻力,挑战核心稳定性

1. 俯卧撑

使身体由头到足保持在一条直线上,整个身体平直,保持中立位。

2. 瑞士球上的俯卧撑

俯卧于瑞士球上,手支撑走步向前移动成俯卧撑体位,瑞士球在足背(鞋带位置)或脚趾下支撑。俯卧撑起时臀肌和腹肌收缩,身体平直,颈部在中立位。若要增加训练难度,可以令练习者一侧足支撑在瑞士球上,另一侧悬空,完成俯卧撑。

(六)加入平衡,增加功能性挑战、速度和(或)旋转运动

1. 瑞士球上的俯卧撑加下肢屈伸

俯卧于瑞士球上,手支撑向前移动成俯卧撑体位,瑞士球在足背(鞋带位置)下支撑。俯卧撑起时臀肌和腹肌收缩,身体平直,颈部在中立位。俯卧撑起后,屈曲髋关节和膝关节,并带动瑞士球前进,接着伸直髋关节和膝关节,再做俯卧撑。

2. 俯卧撑加交替转体侧展

在地板上完成一个完整的俯卧撑。撑起,转体侧展身体,由一侧上肢和脚负重支撑。停留并保持平衡,然后回到双手支撑做俯卧撑。交换到另一侧,保持骨盆、脊柱、颈部和肩胛骨在中立位,腹肌收紧。

二、背阔肌

背阔肌的主要功能包括伸展和内收肩关节,协助肩关节内旋和肩关

第六章 青少年渐进性功能训练指导

节水平内收。

(一) 肌肉独立训练

1. 俯卧位肩关节伸展

俯卧于长凳上(可倾斜),骨盆、脊柱、颈部和肩胛骨保持在中立位,收腹。上肢放松,肩关节呈屈曲位垂直于地面。收缩背阔肌,完成双侧肩关节伸展的动作。

2. 仰卧位肩关节伸展

仰卧于长凳上,垫高双脚,以保持骨盆、脊柱和颈部在中立位。肩关节屈曲使上肢举过头顶呈水平位,然后收缩背阔肌,伸展肩关节,使上肢移至垂直位。

(二) 肌肉独立抗阻训练

1. 俯卧位肩关节抗阻伸展

俯卧于长凳上(可倾斜),骨盆、脊柱、颈部和肩胛骨保持在中立位,收腹。手持哑铃,上肢放松,肩关节呈屈曲位垂直于地面。收缩背阔肌,完成双侧肩关节伸展的动作。

2. 仰卧位肩关节抗阻伸展

仰卧于长凳上,垫高双脚,以保持骨盆、脊柱和颈部在中立位。手持弹力管,肩关节屈曲使上肢举过头顶呈水平位,然后收缩背阔肌,伸展肩关节,使上肢移至垂直位。

(三) 加入功能训练体位

1. 站位肩关节抗阻伸展

双脚分开,弓步站立,保持头到脚跟的直线。不活动侧的手支撑在同侧的大腿上。收腹,保持骨盆、脊柱、颈部和肩胛骨在中立位。肩关节平正,同时收缩背阔肌,完成肩关节伸展的动作。

2. 站位肩关节内收

在高处固定住弹力管。抓住手柄,双足分立,头到脚跟保持直线,骨盆、脊柱、颈部和肩胛骨在中立位，收腹。收缩背阔肌，上肢稍微在额面之前，完成肩关节内收的动作。

（四）功能和阻力的联合增加

1. 站位滑轮肩关节抗阻伸展

面对高位滑轮站立，双足分立，头到脚跟保持直线，骨盆、脊柱、颈部和肩胛骨在中立位，收腹。不活动侧的手放在同侧的大腿上支撑。活动侧的手抓住手柄，全范围的肩关节伸展，收缩背阔肌，保持躯干完全直立。

2. 瑞士球上的俯卧肩关节抗阻伸展

俯卧，腹部在瑞士球上支撑，头到脚跟保持直线，将弹力管固定在墙上（高杠杆或是杠铃上），抓住手柄，肩关节屈曲。收缩背阔肌，呼气，肩关节全范围伸展，再慢慢回到起始位置。

（五）对多个肌群增加阻力，挑战核心稳定性站位前倾划船

双脚分开，与肩同宽，自然直立，收腹。脊柱和颈部在一条直线上。上体以髋关节为轴略微向前倾斜，收缩背阔肌，双侧划船，上臂紧贴身体两边。一直保持躯干稳定。

（六）加入平衡，增加功能性挑战、速度和（或）旋转运动单侧平衡站立的低位划船

单脚平衡站立在平衡垫上，收腹，骨盆、脊柱和颈部保持在中立位。将不活动侧的手放在同侧大腿上支撑。面对低位滑轮，抓住手柄在低位划船，上臂紧贴肋骨。保持肩关节水平和躯干稳定。

第二节 下肢渐进性功能训练

一、股四头肌和髂腰肌

股四头肌的主要功能包括屈曲髋关节和伸展膝关节，髂腰肌的主要

第六章 青少年渐进性功能训练指导

功能包括屈曲髋关节和使骨盆前倾。股四头肌和髂腰肌是主要的屈髋肌群和伸膝肌群。

(一)肌肉独立训练

1. 坐位股四头肌收缩

坐位,在练习侧膝关节下,垫起一条卷起的毛巾或泡沫轴,脊柱保持在良好中立位,体重由坐骨支撑,颈部与脊柱在一条直线上。充分伸展膝关节,在和缓的运动速度下稳定地收缩股四头肌。

2. 坐位单侧膝关节伸展

坐在长凳上,脊柱、骨盆、颈部和肩胛骨在中立位,保持良好的对齐。在完全的关节活动范围内缓慢伸展练习侧的膝关节,稳定地收缩股四头肌。

(二)肌肉独立抗阻训练

1. 仰卧位抗阻膝关节伸展/髋关节屈曲

仰卧位,支撑侧的膝关节屈曲,脊柱、骨盆和颈部保持在中立位,收腹。两脚踝间系一条弹力带。活动侧的大腿屈曲45°,缓慢伸直膝关节,股四头肌收缩。髋关节屈曲练习采用相同体位,首先将活动侧的腿放到地板上,然后髋关节屈曲45°,再放低下肢回到起始。

2. 坐位抗阻单侧膝关节伸展

坐位,脊柱、骨盆、颈部和肩胛骨在中立位保持良好的对齐。两脚踝间系一条弹力带。在完全的关节活动范围内缓慢伸展练习侧的膝关节,稳定地收缩股四头肌。

(三)加入功能训练体位

1. 瑞士球上的坐位单侧膝关节伸展

坐在瑞士球上,骨盆、脊柱、肩胛骨和颈部在中立位保持良好的对齐,体重由坐骨(坐骨粗隆)支撑。保持髋部的水平和躯干的稳定,收缩股四头肌,伸展活动侧的膝关节。

2. 瑞士球靠墙蹲起

通过瑞士球靠墙站立,球的位置大约在腰部,骨盆、脊柱、肩胛骨和颈部在中立位保持对齐。将双足置于离墙足够远的位置,以使蹲起时膝关节弯曲不超过 90°；双足分开与肩同宽,膝关节朝向第二脚趾尖的方向。下蹲时,不允许髋关节低于膝关节。

(四)功能和阻力的联合增加

1. 瑞士球上的坐位抗阻膝关节伸展

坐在瑞士球上,骨盆、脊柱、肩胛骨和颈部在中立位保持良好的对齐,体重由坐骨(坐骨粗隆)支撑,脚踝间系一条弹性带。保持髋部的水平和躯干的稳定,伸展活动侧的膝关节,收缩股四头肌。

2. 单侧站立的抗阻膝关节伸展

骨盆、脊柱、肩胛骨和颈部在中立位保持良好的对齐下站立。支撑侧的膝关节微屈,髋部保持水平、收腹,脚踝间系一条弹性带。活动侧的髋关节屈曲,膝关节伸直和弯曲,收缩伸膝肌群和屈髋肌群,保持躯干稳定。

(五)对多个肌群增加阻力,挑战核心稳定性

1. 训练器上的大腿蹬伸

坐(或躺)在训练器上,骨盆、脊柱、肩胛骨和颈部保持良好的对齐。腹肌保持收缩,屈髋屈膝。呼气,同时平缓地伸展髋关节和膝关节,收缩股四头肌、臀肌和腘绳肌。

2. 持壶铃半蹲

髋关节外旋(即向外转)站立,足尖与膝关节指向同一方向,双足间距离比肩稍宽,骨盆、脊柱、肩胛骨和颈部保持在中立位,收腹。双手持壶铃。两侧膝关节屈曲,朝第二脚趾的方向蹲下,注意不要让膝关节超过脚尖(如果发生这种情况,横向迈步使双脚距离加大)。返回到起始位置,收缩股四头肌、臀肌、腘绳肌和内收肌。

(六)加入平衡,增加功能性挑战、速度和(或)旋转运动

1. 蹲起至推举过头顶

双足分开与髋或与肩同宽站立,骨盆、脊柱、肩胛骨和颈部在中立位对齐;手持杠铃横放于肩部,不接触颈部。下蹲,以髋关节为轴,保持骨盆、脊柱和颈部在中立位,同时收腹。髋部和尾椎骨向后移动使膝关节始终位于足尖之后。回到起始位置,收缩股四头肌、臀肌和腘绳肌。同时向上推举杠铃超过头顶。保持躯干稳定。

2. 瑞士球上的弓箭步蹲起

后脚放在瑞士球的中心上站立,同侧手握持哑铃,对侧手握持平衡棒或扶墙以支撑体位。骨盆、脊柱、肩胛骨和颈部始终保持在中立位。进行弓箭步蹲起,同时后侧脚在球上向后滚动,前侧膝关节屈曲不超过90°。保持髋部和肩部水平正直,收腹。

二、腘绳肌和臀大肌

腘绳肌的主要功能包括伸展髋关节和屈曲膝关节,臀大肌的主要功能包括伸展和外旋髋关节。腘绳肌和臀大肌是组成伸展髋关节肌群的主要肌肉。

(一)肌肉独立训练

1. 仰卧收臀

仰卧位,双膝屈曲,双足平放在地板上。骨盆、脊柱、肩胛骨和颈部在中立位,收腹。收缩臀部肌肉,保持后背中部紧贴地板,同时呼气。

2. 俯卧髋关节伸展

俯卧位,骨盆、脊柱在中立位,颈部和脊柱在一条直线上,前额向下。保持髋部水平贴于垫子上,收腹。收缩臀肌和腘绳肌,练习侧髋关节伸展,可以在髋关节伸展的同时屈曲膝关节增加难度。回到起始位置,保持髋部水平和背部不动。

（二）肌肉独立抗阻训练俯卧抗阻膝关节屈曲

俯卧位，骨盆和脊柱在中立位，颈部和脊柱在一条直线上，前额向下，两脚踝之间系一条弹性带。保持髋部向下和水平，收腹。收缩臀肌和腘绳肌，练习侧髋关节伸展，可以在髋关节伸展的同时屈曲膝关节增加难度，回到起始位置，保持髋部水平和背部不动。

（三）加入功能训练体位

1. 肘膝位髋关节伸展

肘膝位四点支撑起始，骨盆和脊柱在中立位，头部、颈部与脊柱保持在一条直线上，同时保持腹部收紧。练习侧膝关节维持屈曲状态下进行髋关节伸展，同时保持髋部水平和脊柱完全不动，自始至终收缩腘绳肌和臀肌。

2. 站位髋关节伸展

单脚站立，支持侧的膝关节自然直立，骨盆、脊柱、肩胛骨和颈部在中立位，收腹。手持平衡棒、扶手或墙以支持体位。练习侧的下肢向后进行髋关节伸展，同时保持髋部水平，背部和躯干不动。

（四）功能和阻力的联合增加

1. 站位抗阻髋关节伸展

单脚站立，支撑侧的膝关节自然直立，骨盆、脊柱、肩胛骨和颈部在中立位，收腹，两脚踝间系一条弹性带。活动侧的下肢向后伸髋和（或）屈膝，同时保持髋部水平、背部和躯干不动。

2. 瑞士球上的仰卧膝关节屈曲

仰卧位，脚后跟放在瑞士球上。抬起臀部形成平板体位，骨盆和脊柱在中立位，臀肌和腹肌收缩，颈部在地板上伸展和放松。保持髋部水平，屈膝并用脚跟向臀部滚动瑞士球，收缩腘绳肌，伸直双腿，保持平板体位和躯干稳定。

第六章 青少年渐进性功能训练指导

（五）对多个肌群增加阻力，挑战核心稳定性前平举站位髋关节伸展

单脚站立，支撑侧的膝关节自然直立，骨盆、脊柱、肩胛骨和颈部在中立位，收腹，两脚踝间系一条弹性带。活动侧向后髋关节伸展，保持髋部水平、背部和躯干不动。同时两侧上肢完成前平举，保持肩胛骨下降和颈部伸展。

（六）加入平衡，增加功能性挑战、速度和（或）旋转运动瑞士球上的俯卧抗阻髋关节伸展

将瑞士球置于长凳上，练习者俯卧于长凳上的瑞士球，瑞士球的位置在下腹和髋部；双手抓住长凳。保持骨盆、脊柱、肩胛骨和颈部在中立位，髋部水平。两侧髋关节伸展，收缩腘绳肌和臀肌，可以利用滑轮、弹性带或同伴徒手施加阻力进行抗阻练习。

第三节 躯干渐进性功能训练

一、腹部肌群

腹直肌的主要功能是屈曲脊柱，使胸廓和骨盆相互靠近。腹外斜肌和腹内斜肌的主要功能包括屈曲、旋转和侧向屈曲脊柱。这里需要注意的是，本书所讲的腹部肌群的训练方法，其主要的运动肌群是腹直肌、腹外斜肌和腹内斜肌，或者一起共同作用。当练习时在卷腹发力呼气或向内压紧腹壁时可能会用到腹横肌。

（一）肌肉独立训练

1. 卷腹

仰卧，双脚放在长凳上使腰部压力最小化。躯干卷曲30°~40°，头部、颈部和脊柱保持在一条线上。

2. 斜卷腹

仰卧，双脚放在长凳上使腰部压力最小化。躯干卷曲30°~40°，

移向对角线方向运动,即肋部向对侧髋部移动。保持髋部和腿部不动,头部、颈部和脊柱在一条线上。

(二)肌肉独立抗阻训练

1. 增加难度的卷腹

仰卧,双脚放在长凳上或悬空,膝关节屈曲。双手放在耳或头后以增加杠杆长度,可以稍稍增加练习的难度。躯干卷曲 30°~40°,头部、颈部和脊柱在一条线上。下颌和胸部保持一拳的距离。

2. 极限卷腹

仰卧,双脚悬空,双手放在耳或头后。脊柱两端一起卷曲,使胸廓和骨盆相互靠近。保持头部、颈部和脊柱在一条线上,避免腿部摇晃。保持髋关节屈曲角度,同时进行脊柱屈曲以训练腹直肌。

(三)加入功能训练体位

腹部主要运动肌群的渐进性功能训练不包括第三级。站位或坐位很难简单地训练到腹部肌群。一些抗阻练习必须加上足够的负荷,这一步在第四级练习中进行。

(四)功能和阻力的联合增加

1. 滑轮上的跪位卷腹

从颈部两侧握住绳子或布带。跪立并保持髋部、腿部和骨盆的稳定。进行脊柱屈曲运动,使肋骨向骨盆方向运动。呼气时收缩腹壁。

2. 站位抗阻斜卷腹

背对训练器站立并保持整个下肢稳定,保持膝关节自然直立。收紧臀部防止髋关节屈曲。呼气,腹壁收紧并进行躯干上部的对角线运动,头部、颈部和脊柱保持在一条线上。

（五）对多个肌群增加阻力，挑战核心稳定性

1. 自行车练习

仰卧，上部躯干卷曲至脊柱屈曲 30°～40°，保持头部、颈部和脊柱在一条线上。保持这个位置并有控制地慢慢运动，交替屈曲两侧的髋关节和膝关节，同时旋转上部脊柱。保持骨盆和下背部在地板上的稳定。

2. 一侧下肢抬起的仰卧体前屈

仰卧，抬起一侧下肢，同时保持对侧膝关节屈曲，脚放在地面上。上部躯干卷曲至脊柱屈曲 30°～40°，双手向前伸触摸胫骨、踝或足。保持骨盆和下背部稳定，避免左右摇晃或使用惯性。

二、竖脊肌

竖脊肌的主要功能是伸展脊柱。需要注意的是，以下练习应该在一个无痛的关节活动度内、缓慢而没有冲击地进行。目前，对练习时在末端是否需要过度伸展、是否应用附加阻力进行练习，存在一定争议。

（一）肌肉独立训练

1. 俯卧脊柱伸展

俯卧位，颈部和脊柱在一条线上，下颌微收。收腹并收紧臀部。髋部和肋部最低处保持在垫子上，抬起躯干上部，同时维持合适的颈部位置。

2. 改良俯卧脊柱伸展

俯卧位，颈部和脊柱在一条线上，下颌微收，手放在靠近肩部的地上。下背部肌群发力，抬起躯干上部，同时肘部滑动到肩部下成支撑位。在控制下慢慢地回到起始位。

（二）肌肉独立抗阻训练

1. 增强的俯卧脊柱伸展

俯卧位，颈部和脊柱在一条线上，下颌微收。上肢抬起过头顶以增

加杠杆长度和阻力,阻力包括进行练习时需克服的自身重力。髋部和肋部最低处保持在垫子上,抬起躯干上部,同时维持合适的颈部位置。

2. 俯卧交叉脊柱伸展

俯卧位,颈部和脊柱在一条线上,下颌微收。维持躯干中部的稳定,平稳地抬起一侧上肢和对侧下肢。头部和脊柱在一条线上自然地抬起和降低。另一侧重复。

(三)加入功能训练体位

竖脊肌的渐进性功能训练不包括第三级,在站位或坐位很难简单地训练到竖脊肌。一些抗阻练习必须加上足够的负荷,这一步在第四级练习中进行。

(四)增加多肌群阻力练习

1. 增强的俯卧脊柱伸展和肩胛骨回缩

俯卧位,颈部和脊柱在一条线上,下颌微收。上肢抬起过头顶以增加杠杆长度和阻力,阻力包括进行练习时需克服的自身重力。髋部和肋部最低处保持在垫子上,抬起躯干上部,且维持合适的颈部位置。同时收缩斜方肌中部和菱形肌,回缩肩胛骨。

2. 普拉提式游泳

脚趾点地的俯卧位,腿部伸直,下颌微收,手臂前伸过头顶。一起抬起左侧上肢和右侧下肢,保持脊柱的伸展位和颈部中立位。摆动手臂和腿。髋部和肋部最低处保持在垫子上,以维持躯干稳定。

(五)加入平衡,增加功能性挑战练习

俯卧位,瑞士球在腹部。双脚分开增强稳定性,双脚并拢减少稳定性,以此增加平衡挑战。颈部保持中立位,伸展脊柱。通过双手放在耳旁或者头顶来增加杠杆长度以增加练习的难度。为了增加难度,可以只用一侧下肢支持进行脊柱伸展。

第七章　青少年运动康复理论及科学保障体系的构建

青少年参加运动训练时,不仅要重视技战术水平的提高,同时还要重视身体素质的健康发展,因此必须在一定的安全保障体系下进行训练,这样才能保证运动训练的顺利进行,确保运动的安全。本章就重点研究如何构建一个科学的运动康复理论保障体系。

第一节　运动康复常用器材与测评内容

一、常用器材

一般情况下,常用的运动康复器材主要有训练床、运动垫、治疗师坐凳、肋木。

（一）训练床

训练床指的是供患者坐卧其上进行各种康复训练的床,长180～200厘米、宽120～160厘米、高45厘米。

其作用主要有以下几个方面:

第一,患者的卧位、坐位动作训练,如偏瘫、截瘫等四肢功能活动障碍的患者,可在床上做翻身、坐起、转移训练等。

第二,进行坐位及手膝位的平衡训练。

第三,在训练床上对患者进行一对一的被动徒手治疗。

第四,置于悬吊架下与悬吊架配合使用,进行助力活动等治疗。

（二）运动垫

供患者坐卧其上进行多种康复训练的垫子。运动垫和训练床在用法上有许多相似之处，在一定程度上可以互相替代。

（三）治疗师坐凳

治疗师在施以运动疗法时坐用的小凳子，高度可调，凳下有万向轮，以配合运动训练。

（四）肋木

在两根立柱之间装置若干平行放置的圆形横木框架。由于形状像肋骨的排列，取名肋木。

肋木的立柱高 3～3.2 米，宽为 0.95 米，横圆木的间隔为 15 厘米。训练时患者位于肋木前，双手抓握肋木或把身体固定于肋木上进行训练。

（五）功率自行车

位置固定的踏车，患者可骑此车进行下肢功能训练，在训练时可以调整阻力负荷，也可记录里程、心率、消耗热量。

其作用主要有以下几个方面：

第一，训练患者下肢的关节活动。

第二，增强下肢肌力。

第三，提高身体平衡能力。

第四，增加心肺功能。

第五，健身、提高整体功能。

（六）跑台

跑台又称活动平板，用于行走及跑步运动训练。能够设定速度、坡度，也可记录里程、时间、心率、消耗热量。主要用于训练患者步行能力、矫正步态，提高心肺、肌肉耐力等。

第七章　青少年运动康复理论及科学保障体系的构建

（七）训练球

训练球主要指巴氏球,充气的大直径圆球。还有花生球,形似花生的充气大球。bosu 球,形状像半个皮球,平底,可平稳地放于地上的充气半球体。主要用于：

肌肉松弛训练：脑瘫患者趴于球上,治疗师轻轻摇动球体,可降低患者的肌张力,缓解痉挛,从而有利于患者加强随意运动。

平衡及本体感觉训练：提供弧形不稳定平面,患者趴、趟、靠、坐、跪、站、球上进行训练。

二、测评内容

（一）心肺功能测评

心肺功能测评和训练,测试内容包括：心脏功能能力(F.C.)、最大摄氧量(VO_2 max)、运动能力(E.C.)、靶心率(THR)、运动时间、运动频度等。

（二）肌力测评

有关肌力的测试与评价,测试丰富,但评估薄弱,主要是测试设备不统一,测试结果样本量小,缺乏不同人群的数据库。目前肌力的评价主要采用左右比较、干预前后数据比较的方法,即自身比较的方法,但也难以对个体的力量作全面的评价。

（三）平衡能力测评

用于人体平衡能力评估,帮助改善病人的重心移动能力、本体感觉、踝关节活动能力,改善体重分配模式,缩短反应时,改善病人认知能力。测试参数包括同步性参数、对角线体重转移参数、体重分布和谐度参数等。

第二节 运动康复技术

一、运动康复技术实施的目的

康复医学是功能医学,运动疗法则是康复医学中非常重要的一项治疗技术。借助于运动锻炼,来治疗或改善病变或功能障碍,从而使患者的活动能力得到有效提升,社会参与的适应性有所增强,患者的生活质量有所改善,是运动疗法所设定的总目标。以此为出发点,可以将运动康复技术的实施目的归纳为以下几个方面:

(1)使关节的活动度有所增加。

(2)使肌肉的肌力和耐力都得到有效增强。

(3)对肌肉异常张力产生抑制作用,使其紧张度得到缓解,进一步松弛肌肉。

(4)预防或治疗各种临床并发症。

(5)使异常运动模式得到改善。

(6)消除运动功能障碍,使患者身体移动和站立行走功能得到有效提高。

(7)使平衡功能得到提高,同时,也要有效提高运动协调性有障碍的患者的平衡和协调能力。

(8)以患者已经存在的功能障碍为依据,有针对性地施行运动功能的再学习训练,从而使神经肌肉功能得到改善。

(9)使患者的心脏、肺脏等内脏器官的功能得到改善。

(10)增进患者体力,使其全身功能状态都有所改善。

(11)提高患者日常生活活动能力。

二、运动康复技术实施的禁忌证

运动康复技术虽然属于自然疗法,但并不是所有人都适宜采用。因此,需要进行运动康复技术的患者要进行身体检查,如果出现以下情况则不宜施行运动康复技术。

（1）危重病需绝对休息者。

（2）处于疾病的急性期,病情不稳定者。

（3）休克、神志不清或有明显精神症状、不合作者。

（4）运动器官损伤未作妥善处理者。

（5）有大出血倾向者。

（6）运动治疗过程中,有可能发生严重并发症,如动脉瘤破裂者。

（7）运动时血压急剧升高超过标准者。

（8）剧烈疼痛,运动加重者。

（9）有明确的急性炎症存在者,如体温超过38℃,白细胞计数明显升高等。

（10）患严重的心血管疾病者：持续发作的冠心病；安静时舒张压在120毫米汞柱以上者及收缩压在180毫米汞柱以上；重症的心律不齐；心室室壁瘤；心传导异常；患有静脉血栓,运动可能脱落；有明显心力衰竭表现：呼吸困难、全身浮肿、胸水、腹水等。

（11）高热剧痛者。

（12）严重骨质疏松者应该选择安全、和缓的运动,避免运动环境的安全。

（13）癌症有明显转移倾向者需谨慎。

第三节　运动康复之营养保障

一、人体所需的营养素

（一）糖类

糖类这一营养素具有非常重要的功能,是供应人体能量、维持体温的重要物质,是人体维持正常生命活动的重要营养素,因此在日常生活中一定不要忽略这一营养素的补充。糖类营养素的来源主要是人们的主食。人们日常所提供的主食一般都能满足机体的需要。糖类可以为人体提供必要的热量。因此摄取的糖类一定要充足,否则就会导致水分流失,减缓新陈代谢进程,对人体正常活动造成一定的障碍。糖类营养素能有效节省人体内蛋白质的消耗,能在一定程度上保护肝脏,还有利于促进人体的消化和吸收。

人体在参加运动锻炼的过程中会消耗掉大量的糖,这是因为短时间、大强度运动锻炼时,人体所需的能量主要由糖来供给,而长时间中低强度的运动锻炼,也需要糖的氧化来供给能量。由此可见糖类补充的重要性。

糖类的主要功能体现在以下几个方面:

第一,糖类转化热能速度快,数量多。

第二,糖类能有效促进其他营养素的代谢,是一种重要的能源物质。

第三,糖类具有重要的保肝解毒作用,当肝糖原充足时,能保护人体肝脏。

青少年在参加运动锻炼前,可以适当摄取一些高糖低脂肪的食物,如面食、米饭和水果等,这些食物的糖分较大,能满足人体参加运动所需的能量。如果参加运动时间较长的运动项目,可以选择血糖指数较低的食物,如全脂乳类、香蕉等。当然,在选择糖类能源物质时还需要结合人体素质进行。

(二)脂肪

脂肪也是人体所需的重要营养素,是人体参与运动的重要能源物质,缺少了脂肪这一营养素,人体健康就得不到保证。因此,在平时的生活中,人们脂肪的摄取一定要充足,以维持机体的需要。

(1)脂肪类营养素是组成人体细胞和细胞膜的重要成分,对人体各组织细胞都具有重要的影响。人体进行新陈代谢,新旧细胞的更替等都需要脂肪的参与,由此可见脂肪对于人体发展的重要性。

(2)一般来说,促进人体生长发育的肾上腺皮质激素和性激素等,其主要成分就是脂肪类物质。在日常生活中,这些脂肪类物质可以促进脂溶性维生素 A 的吸收。因此,合理地补充脂肪类营养素非常重要。

(三)蛋白质

蛋白质也是一种非常重要的营养素。氨基酸是构成蛋白质的基本单位,在人体中,这类氨基酸大约有 20 种。其中,有 9 种必须是通过人们的日常膳食所获取,就是我们通常所说的必需氨基酸;其他的统称为非必需氨基酸,这一类氨基酸可以在人体内合成以满足人体营养的需要。在平时的生活中,从日常膳食中就能摄取到满足人体所需的蛋白质。

（四）维生素

维生素也是人体必需的重要营养素。一般来说,人体对维生素的需求量非常小,但也是必需营养,在人们平时的食物摄取中就能获得。

人体的生长与发育需要各种维生素,总的来看,维生素主要包括水溶性维生素和脂溶性维生素两种。其中我们常见的维生素 B_1、维生素 B_2、维生素 B_6、维生素 C 等都属于水溶性维生素,而维生素 A、维生素 D、维生素 E 等则属于脂溶性维生素。这两种维生素对于人体发展而言都是非常重要的。

（五）矿物质

矿物质也是构成人体成分的重要组成部分,它也是维持人体生理功能所必需的重要物质。在平时的生活中,人们从日常食物中就可以摄取到人体所需的矿物质。

矿物质主要有常量元素和微量元素两种,常量元素主要有钙、镁、钾、钠、磷、硫、氯七种元素,其他元素对人体的需求量较少,因此称为"微量元素"。人体所需的微量元素尽管较少,但也是必需的元素,如果缺乏微量元素,人体健康就容易出现各种各样的不良状况,健康难以得到保证。

（六）水

水是生命之源,是人体所需的一项重要营养物质。水在人体系统中扮演着十分重要的角色,人体新陈代谢,食物的消化和吸收等都离不开水的参与。因此,人们在日常生活中一定要补充充足的水分,水分缺乏就会难以满足人体运动的需要,甚至还会影响人体的生理功能。

综上所述,人体所需的营养素主要包括糖类、脂肪、蛋白质、维生素、矿物质、水等几种。这些营养素对于人体健康发展都具有重要的意义。不同的营养素有不同的功能,参加健身锻炼的青少年,一定要充分了解每一种营养素的功能,合理地补充营养素,以保证机体运动所需。

二、补充营养的重要性

合理的营养补充对于青少年参加体力活动而言具有非常重要的意义。青少年在参加体力活动的过程中要充分认识到营养补充的重要性,及时地补充营养。

(一)增强运动能力

1. 补充能量物质

青少年长时间地参加体力活动,身体会出现一定的疲劳现象,这是不可避免的。发生运动疲劳的主要原因是水、无机盐以及矿物质等营养素的流失。在发生这一情况时就需要进行必要的营养补充,通过补充营养才能缓解青少年身心疲惫的情况,促使身体机能得到及时恢复。青少年长时间参加体力活动后,会消耗大量的能量,只有当这些能量得以恢复后,才能更加专心地投入到体力活动之中。

2. 储备后续能量

青少年在参加体力活动的过程中补充营养,能在一定程度上满足机体所需的营养素,为接下来的活动储备必要的能量,有利于各项体力活动的顺利进行。

3. 提高身体免疫能力

青少年在进行体力活动的过程中会消耗掉很多营养物质,在这样的情况下,身体的免疫能力就会降低,整个机体的内分泌和免疫系统等会发生一定的变化,因此,为保证青少年身体的免疫功能得以有效运转,就需要及时地补充营养物质。

4. 加速恢复体能

青少年在参加长时间的体力活动后,需要及时地补充身体的营养物质,这样身体中的有机物质才可以快速合成,满足身体需要,恢复体能。运动员得到大量营养物质的支撑后,才能更加专心地继续投入到体能训练之中。

第七章 青少年运动康复理论及科学保障体系的构建

（二）补充营养损失

青少年长期参加体力活动，尤其是在大负荷运动的条件下，身体的新陈代谢速度会逐步加快，这时就会消耗掉大量的营养物质，因此进行营养物质的补充是非常有必要的。

在补充营养物质时，首先就要保证维生素的量。维生素的供应量要维持在一个合理的范围，既不能过多也不能过少，适当的维生素补充才能对身体健康起到有利的作用。

需要注意的是，青少年在补充营养物质时，一定要注意科学性和有效性，这样才能保证机体能够获得必要的能量，也才能有效避免运动损伤。

三、各类营养素的补充

（一）糖的补充

众所周知，糖对人体的发展具有重要作用，糖是参与构成机体的重要物质，它具有促进蛋白质的吸收利用，促进 ATP 的形成等重要作用。对运动员参加运动训练来说，糖是最为理想的能源，它具有耗氧量小、供能效率高等特点，是运动中有氧、无氧供能的主要能源物质。另外，糖也是人体大脑的主要能源物质，充足的糖能维持人体中枢神经的兴奋，保证机体活动的正常进行。由此可见，不管是在正常生活中还是运动训练中，糖的摄入量一定要充足。

在运动训练中，如果糖摄入不足会严重影响到运动员的训练效果，另外对运动员机体其他物质的正常代谢也将产生重要的影响。一般来说，摄入人体内的碳水化合物主要是以糖原的形式贮藏在肌肉和肝脏中的，在运动训练的过程中，血糖会被大量消耗掉，这时机体就会分解糖原来提供运动训练所需的能量。因此，如果机体有充足的糖原储备就可以推迟运动疲劳的发生，进而保证运动员训练的质量和水平。大量的研究表明，在进行大强度的运动训练时，运动员可通过保持较高的糖原水平来增长自己的耐力。但需要说明的是，充足的肌糖原储备能维持较长时间的运动训练，但并不代表能增加运动员的速度。

综上所述，充足的糖原储备有利于运动员的运动训练，运动员要采取必要的手段和措施及时补充糖分。首先,运动员应该摄入碳水化合物含量丰富的食物,如面包、谷类、面食、稻类、水果、蜂蜜等。其次,在运动前、中、后均应补充必要的糖分,最好摄入含有糖的运动饮料。一般来说,运动前补糖可以提高运动员机体内糖原的储备,运动中补糖有利于保持血糖浓度,延缓运动疲劳,运动后补糖有助于糖原的快速合成,促进运动员机体的快速恢复。

(二)蛋白质的补充

对于一名优秀的运动员来说,保持瘦体重和肌肉力量是非常重要的,这能有效提高运动员的训练水平和比赛能力。运动员在训练的过程中,要进行大运动量的耐力和抗阻力训练,因此需要大量的蛋白质。一般来说,运动员机体的蛋白质需求量与体重的关系至少应达到 1.2～2.0 克/千克以上。如果蛋白质摄入不足,运动员的力量素质就不能得到有效的提高,有时甚至可能发生运动性贫血,从而影响训练的效果和质量。

运动员要想保证机体对蛋白质的正常需求,在日常训练中,要多食用一些蛋白质含量丰富的食物,如鸡蛋、肉类、鱼虾、豆制品、奶制品等。需要注意的是,猪肉、烤鸭等食物中虽然蛋白质含量也不低,但这些食物中脂肪含量较高,运动员过多摄入不利于运动训练的顺利进行,因此,在食用此类食物时要谨慎。

目前,我国大部分运动队都采用自助餐的就餐形式,并且有相当一部分运动员存在着"肉即营养"的错误观念,这种观念导致运动员蛋白质摄入过多,从而影响正常训练的进行。适宜的蛋白质摄入量有利于运动员的训练和比赛,而摄入过多则能带来严重的负面影响,首先是引起体液酸化,体内酸生代谢产物堆积,导致疲劳过早出现;其次是导致肝肾负担加重,影响身体健康;再次,蛋白质摄入过多,还会影响运动员运动能力的提高;最后,蛋白质摄入过多就意味着其他营养素的摄入不足,导致营养缺失,这也不利于运动员的运动训练。

(三)脂肪的补充

运动员要想保持正常的训练状态,就需要在饮食中控制脂肪的摄入量。脂肪摄入过多会使运动员体内丙酮酸、乳酸浓度增加,使血流缓慢,从而影响氧的供给。除此之外,脂肪摄入过多还会影响运动员运动能力的提高,因此在平时的饮食中需要加以控制。

对于运动员来说,饮食中的脂肪供能比例占总热能的25%~30%即可。但对于一些运动消耗较大的运动项目,如游泳等来说,可以适当地增加膳食中脂肪的摄入量,因为游泳运动员的热量需要量较大,而脂肪在体内代谢过程中产热量比较大,所以对于游泳运动员来说可以适当增加膳食中脂肪的摄入量,摄入量要根据运动员的身体素质而定。

(四)维生素的补充

各种矿物质和维生素对运动员的运动训练也是非常重要的。适量的维生素有利于运动员维持自身机体的正常代谢水平。如果摄入不足会引起运动功能紊乱和运动水平的下降;而如果摄入过多,也会引起机体的一系列不良反应。维生素,尤其是B族维生素对于运动员运动能力的提高具有非常重要的意义。人体摄入的碳水化合物、脂肪和蛋白质等要经过燃烧变成热能,这其中必须要有B族维生素的参与。通常来说,维生素C和维生素E能有效抵抗运动员运动训练过程中产生的自由基对机体的损害。维生素A能维持运动员正常的体力,维生素D则有助于运动员骨骼的生长和发育。一般来说,不同的食物中有各种不同的维生素,蔬菜和水果中维生素含量较高,因此,在平时的训练中,运动员应多增加蔬菜和水果的摄入量,这对于参加运动训练是非常有益处的。

(五)矿物质的补充

矿物质有很多种,如钾、锌、铜、铁、钙等都属于矿物质。不同的矿物质在人体内的含量不同,并且也不多,但对人体都起着非常重要的作用。钠、钾、钙、镁等对维持体液的渗透压和酸碱平衡,维持神经、肌肉细胞的兴奋性,维持体内酶的活性以及构成组织细胞等方面具有重要作用。钙对促进人体骨骼正常生长具有重要作用。锌、铜、铁、硒等对调节人体的物质代谢、维持正常免疫机能等具有重要作用。对于运动员来说,其在参加运动训练的过程中会大量出汗,伴随着体液的丢失,矿物质也会大量丢失掉,而矿物质的丢失会严重影响运动员训练水平和身体素质的提高。因此,在运动训练的过程中,运动员还要十分注意矿物质的补充。

（六）液体的补充

合理地补充水分对运动员参加运动训练来说也是至关重要的。水占体重的65%左右，它在体温调节，氧、二氧化碳、营养物质和代谢废物的运输及各种代谢过程中起着不可替代的作用，因此机体含有适宜的水分能保证运动员运动训练的正常进行，而机体缺水，则会影响运动员运动能力的提高。

运动员在训练中会大量出汗，一般来说，因出汗而失水会达体重的2%左右，而达到5%则会显著降低运动能力。一般来说，在有阳光的室外或高温潮湿的环境下进行大强度的运动训练，会导致体液的大量丢失，如果不及时补充水分，就会严重影响运动训练的顺利进行。

在运动训练中，运动员应该及时地补充水分，以保证机体的正常需要。但需要注意的是，运动员不能把口渴作为补充水分的标准，因为运动员在感到口渴时，说明就已经进入了脱水的状态，或者有时候可能已经脱水但却无口渴的感觉，这时再补水就显得"为时已晚"，不利于运动训练的顺利进行。

汗液当中不仅包含水分，同时还有一定量的电解质，长时间的运动训练，运动员会大量排汗，在丢失水分的同时，电解质也会出现一定程度的丢失现象。电解质的丢失会在一定程度上影响细胞膜电位，使神经兴奋传递出现某种程度的障碍，影响运动员运动能力的提高。因此，为使运动员的机体处于良好的状态，运动员应在运动训练期间及时、合理地补充水分和电解质。

在运动训练期间，运动员可以选择合适的运动饮料补充水分和电解质。补充的液体最好是低渗或者等渗溶液，因为这样可以被迅速地从消化道吸收并经血液运输到体细胞。另外，水果、蔬菜汁、牛奶等都含有大量的液体和电解质，运动员可以适当地选择利用。在运动训练的过程中，运动员要想充分吸收并保持体内水分的充足，在饮用运动饮料的同时还需喝等量或2~3倍的白水，这样才能维持人体合理的水合状态。需要注意的是，在运动训练期间，不要喝含有咖啡因的饮料，因为咖啡因具有一定的利尿作用，而排尿则会导致机体水分的大量丢失，另外，咖啡因也影响运动员的睡眠，如果休息的质量不好，则会直接导致运动员的运动成绩下降。

第七章　青少年运动康复理论及科学保障体系的构建

总之,运动员在进行液体补充时应高度注意以下几个方面:

第一,运动训练的过程中要及时补液,一般来说,人体每天至少需要2~3升水。

第二,夏天进行运动训练会丢失掉大量的体液,需要适当增加水的摄入量。

第三,补液的温度要稍低一些,这样可以加快吸收以及增加运动员的补液次数。

第四,运动训练过程中,要采用少量多次的补液方法。

第五,可采用测体重的方法来检测丢失的体液量,一般情况下,体重每下降1千克,需补充1.5升的液体。

第六,运动饮料中含有大量的碳水化合物和电解质,参加长时间的运动训练一定要备好运动饮料。

第七,头晕目眩、肌肉痉挛、口干舌燥等都是脱水的征兆,一定要及时补充水分。

第八,在平时的运动训练中,要养成按时补液的好习惯,采用少量多次的方式进行,补充液体量的多少要视具体情况而定。

四、营养补充的误区

(一)强调补充宏量营养素,忽视微量营养素的供给

在膳食结构上,运动者所吃的食品大都是高脂肪、高蛋白、高热量的,他们特别注重补充宏量营养素,以加强营养。但如果过多摄入脂肪和蛋白质,则会导致热能摄入过剩,不仅影响运动能力,还会损害内脏器官功能,而且对其他营养素的吸收也非常不利。

运动者维持自身正常的生理功能和健康离不开维生素。通过调查运动者的膳食营养后发现,大部分运动者的饮食习惯和科学膳食的要求不相适应,B族维生素和维生素A摄入不足的情况普遍存在。在体内物质能量代谢中,B族维生素起十分重要的作用。如果运动者体内缺乏B族维生素,再加上糖类摄入不足,将使机体能量供应不足的问题进一步加重,不利于运动性疲劳的恢复。

（二）强调补充蛋白质，忽视糖类的补充

调查发现，很多运动者因为饮食习惯不健康，膳食营养结构不合理，导致体内钙、铁和锌等矿物质缺乏。钙摄入不足与运动者忽视补充奶和豆制品食物有关。在促进骨生长和提高神经兴奋性方面，钙发挥着重要的作用，所以运动者应注重补充钙。运动者身体功能下降，出现运动性贫血、骨质疏松等症状大都与矿物质补充不足有关，这也直接影响了运动者的运动能力。

蛋白质是维持生命活动最重要的营养素，所以运动者为了尽快恢复身体功能，会大量摄入蛋白质。但是，蛋白质在日常生活和运动中并非主要的能源物质，所以消耗量并不是很大。如果运动者一直采用高脂高蛋白的膳食结构，就会导致体脂含量增加，影响内脏器官功能，同时对其他营养素的吸收造成不利的影响。

运动者在大运动量训练期间消耗大量的糖，需要在饮食中充分补充糖，从而促进糖这一重要能源物质的恢复。作为主要能源物质的糖如果摄入不足，会对运动者的运动效果、运动能力以及身体健康造成不利的影响。

（三）强调补充特殊营养，忽视了膳食营养补充

在体育运动过程中，运动者要承受超负荷的刺激，所以对特殊营养的补充更重视一些。补充特殊营养可促进身体机能的提高，对于维持或提高运动能力具有积极影响。但是，在运动中补充膳食营养也非常重要，忽视膳食营养补充会导致基础膳食营养摄入不合理。如果基础营养不足，是无法通过补充特殊营养来弥补的，这样不仅浪费钱，还起不到好的作用。事实上，只有充足合理地补充基础膳食营养，才能更好地发挥特殊营养对身体健康和提高运动能力的促进作用。

（四）口渴才喝水，忽视了科学补液的重要性

对运动者而言，及时补水更是非常重要，如果运动者在运动中丢失的水分得不到及时补充，将导致血容量下降，增加心脏负担，促使心跳加快；而随着大量出汗，也会大量丢失无机盐，从而对神经肌肉的工作

第七章　青少年运动康复理论及科学保障体系的构建

能力产生不良的影响。很多运动者缺乏正确的补水意识,常常在口渴后才想起补水,但此时其运动能力已经在下降了。

水中的无机盐具有重要作用,但很多运动者对此都没有给予重视,所以他们不能在正确时间补充合理的运动饮料。如果训练中补充的水是不含无机盐和(或)糖的渗透压过低的水,就会进一步增加出汗量,加剧脱水,影响锻炼效果和身体健康。

(五)强调晚餐要丰盛,忽视了早餐的多样性

运动者维持一天正常运动的根本保障在于均衡的一日三餐,一日三餐热能分配应与运动者的锻炼保持一致。早餐、中餐、晚餐的能量摄入分别为30%、40%、30%是比较合理的三餐结构。调查表明,目前大多数运动者都不重视早餐,不吃早餐的锻炼者大有人在。一些运动者早餐摄入的热能仅占全天的19%,午餐占23%左右,而晚餐热能的摄入量高达50%多,这种结构非常不合理,会影响运动者在运动锻炼中所消耗的能源物质和其他营养素的及时恢复,从而对锻炼质量和效果产生不好的影响。

(六)强调食物品种丰富,忽视了食物之间的相克

食物中各种营养素和化学成分相互拮抗、相互制约的关系就是所谓的食物相克。[①] 膳食中如果营养素搭配不合理,就会影响人体的消化与吸收,而某些营养素的缺乏会对运动者的运动能力和锻炼效果造成不同程度的影响。例如,葱配豆腐、菠菜配豆腐。豆腐中含有硫酸钙、氯化镁等无机盐类,如和蔬菜中的草酸相遇,则化合为草酸钙和草酸镁,这两种化合物产生白色沉淀,无法被人体吸收,从而对豆制品中的钙营养造成破坏。葱和菠菜含有一定量的草酸,当豆腐与葱和菠菜混合制作时,容易形成草酸钙的沉淀,对钙的吸收造成影响。因此,如果在开水中将菠菜烫3分钟左右,则可去除菠菜中80%的草酸,此时再与豆腐共同制作菜肴,可避免食物相克。很多运动者都缺乏有关食物相克的知识,所以在日常膳食中没有将这一问题重视起来,这就导致运动者营养不均衡,从而对其身体健康和运动能力产生影响。

---

① 张钧.运动营养学(第二版)[M].北京:高等教育出版社,2010.

第四节 运动康复之伤病预防与处理

一、运动损伤的预防与处理

(一)运动损伤的预防

(1)思想上重视损伤的预防。从思想上重视对运动性损伤的预防,学习并掌握有关预防运动性损伤的知识和方法。锻炼时遵循体育锻炼的一般原则,加强身体的全面锻炼、易伤部位锻炼及肌肉力量的锻炼。

(2)做好准备活动。准备活动的内容要与训练内容相结合;准备活动的量,要根据身体特点、气象条件和训练而定。准备活动一般以身体感到发热,微微出汗为宜。准备活动结束与正式运动之间的时间不要过长,一般为3分钟。

(3)加强自我保护意识。掌握运动中可能发生意外时的自我保护方法,防范运动技术伤的发生。学会运动后肌肉酸痛、关节不适等常见症状的处理方法。对运动性损伤要做到及时发现,及时处理。

(4)注意科学锻炼。科学锻炼包括五个方面,即全面性、渐进性、个别性、经常性、意识性。前三个方面对预防损伤极其重要,是不能够忽略的。

(5)合理安排运动。要根据自身的健康状况和运动技术水平,合理安排运动量;运用各种形式的身体练习方法,全面提高身体素质,防止局部肌肉的过度疲劳。

(6)要针对性别进行训练。由于性别的不同,人体的自身条件也不同。不同的身体条件适应各自的训练方式。如果选择不合适,要么锻炼不到位,要么就会给身体带来一定的损伤。

(7)选择喜爱的运动项目。可以根据自己的锻炼目的进行选择,如肌肉力量训练、关节韧带柔韧性训练等。有些人因肥胖、睡眠不良、体力下降、便秘等异常可以选择医疗体育。

(8)创造良好环境。体育器具、设备、场地等在运动前都应进行严格的安全检查。女性的项链、耳环等锐利物品在运动时应暂时摘去。

第七章　青少年运动康复理论及科学保障体系的构建

（二）常见运动损伤的处理

1. 擦伤

（1）征象

擦伤是皮肤表面受到摩擦后的损伤。在运动中皮肤擦伤最为常见，主要征象是伤处皮肤表层被擦破或剥脱，有小出血点和组织液渗出。

（2）处理

①擦伤部位较浅，只需涂红药水即可。

②擦伤创面较脏或有渗血时，应当用生理盐水清创后再涂上红药水或紫药水，再用消毒布覆盖，最后用纱布包扎。

③伤口较深，面积较大的擦伤，用75%酒精或双氧水消毒伤口，用生理盐水清洗伤口异物，清洗后外敷消炎粉再用无菌敷料纱布覆盖并包扎，受感染的伤口应每日或隔日换药。

④关节部位擦伤，治疗时最好不要裸露伤口部位，因为干裂易影响关节运动，最好在擦伤处用消炎软膏包扎较好，这样可以防止关节活动时再次损伤。

（3）注意事项

①在关节部位发生面积较大的擦伤时，注意不要用紫药水，因为紫药水的收敛作用较强，使伤口痂变大且硬，在关节活动时易使痂断裂、剥脱，不利于伤口的愈合。

②面部擦伤时不要擦有色药水。

2. 裂伤、刺伤、切伤

（1）概念

裂伤：指受钝物打击引起的皮肤和皮下组织撕裂，伤口边缘不整齐。

刺伤：是尖细锐物刺入皮肤及皮下组织器官的损伤，伤口小而深。

切伤：是锐器切入皮肤所致。伤口边缘整齐，多成直线形，出血较多。

（2）处理

①裂伤、刺伤和切伤。轻者可先用碘酒、酒精将伤口周围皮肤消毒，再用消毒纱布覆盖，加压包扎。伤口较大、较深、污染比较严重的，应及时送往医院，由医务人员做清创处理，清除污物、异物、坏死组织，彻底止血，缝合伤口。

②口服或注射抗菌药物以防感染。伤口小而深和污染较重者,应注射破伤风抗毒血清,预防破伤风。

③严重的切伤、刺伤有时会伤及深部的血管、神经、肌腱,处理时要仔细检查。

3. 挫伤

肌肉挫伤是运动中身体某个部位受到钝性外力直接作用所引起的闭合性软组织损伤。其原因多是运动时身体相互冲撞,或身体某部碰在器械上、与器械撞击、摔倒等。

(1)征象

单纯挫伤在损伤处出现红肿,皮下出血,并有疼痛以及功能障碍等。严重时皮下出现出血形成的血肿或瘀斑,若有并发症时可能出现休克或其他特殊症状。

(2)处理康复

单纯性挫伤无须特殊处理,应在局部进行冷敷处理后加压包扎(也可先加压包扎后冷敷),抬高患肢休息,24小时后用活血化瘀药剂进行局部包扎,48小时后配合热敷进行治疗,一周左右伤情可基本痊愈。

有休克或头部损伤时,应先进行抗休克处理后立即送往医院治疗;若有肌肉、肌腱断裂,应固定伤肢后,送医院治疗。

4. 肌肉拉伤

肌肉拉伤是体育运动中最常见的一种肌肉损伤,是指人体在运动过程中由于肌肉过度主动收缩或被动拉长而导致的损伤。常发生于下肢、肩胛、腰背部和腹直肌等部位的肌肉。

(1)原因与征象

①在体育运动中,准备活动不充分,肌肉的弹性、伸展性、力量差;疲劳或负荷过度,使肌肉机能降低,力量减弱,协调性下降;技术动作不正确,动作过猛或粗野,场地不良,这些都可能引起肌肉拉伤。

②伤后局部肌肉疼痛、压痛、肿胀,肌肉紧张或痉挛、发硬、功能障碍,受伤肌肉主动收缩或被动拉长时,疼痛会加重。

(2)处理康复

一旦出现痛感应立即停止运动。受伤较轻时可即刻冷敷,收缩小血管,减少局部充血、水肿,并在局部加压包扎,抬高患肢,切忌搓揉及热敷,24小时后方可实施按摩或理疗。

第七章 青少年运动康复理论及科学保障体系的构建

对肌肉部分或完全断裂者,可局部加压包扎,固定患肢后,立即送医院进行手术缝合治疗。

5. 急性腰扭伤

急性腰扭伤是腰部肌肉、筋膜、韧带等软组织因外力作用突然受到过度牵拉而引起的急性损伤。运动时腰部受力过重,肌肉收缩不协调,或脊椎运动超过正常生理范围常常会引起腰扭伤。急性腰扭伤多见于青壮年,是常见的运动损伤,尤其在举重、跳水、跨栏、投掷、跳高、体操、篮球、排球等运动中容易发生。

（1）征象

主要以腰部不适或腰部持续性剧痛,不能行走和翻身,咳嗽、呼吸等腹部用力活动疼痛加重等为主要表现。部分病人亦有下肢放射痛。常有明显的压痛点,多在腰部中线、第五腰椎横突或关节处。初期亦有广泛压痛,经休息后痛点逐渐集中。

（2）处理康复

腰部急性扭伤后,若轻度损伤,可轻轻揉按;若受伤较为严重,应立即让患者平卧,一般不应随意扶动,并用担架护送医院治疗。处理后,应睡硬板床或腰后垫一个枕头,使肌肉韧带处于放松状态,先冷敷后热敷,24 小时后可施行按摩。

①针灸治疗。常取腰痛穴、水沟、后溪、大肠俞、委中、昆仑、阿是穴等穴进行强刺激。

②拔罐。可针刺腰部痛点并加拔火罐。也可在阿是穴附近,闪火法拔罐 3 个,留罐 15 分钟。

③功能锻炼。伤后 2 周开始进行轻度肌肉锻炼(因为水肿、血肿的吸收需要 1~2 周时间),并逐步起立,增加腰背部活动,过多过久的休息容易使肌肉内胶原纤维组织增生,减少肌肉的活动范围。故早期应进行肌肉的主动与被动锻炼,一般 3~6 周可恢复工作。

④按摩。手法治疗腰部扭伤,首先应舒筋活络,先点按有关穴位,如肾俞、阳关、委中,手法以按、推、滚、揉法为主。当肌肉松弛后,令病人侧卧,先摇动腰部,再侧扳。病人经过治疗,腰部即觉松弛。视病人受伤程度,配合内服中药,或者外敷伤湿止痛膏等。

6. 肩袖损伤

肩袖损伤是肩袖肌腱或者是肩峰下滑囊的损伤性炎症病变,以肩部疼痛、压痛,活动时加重、弹响,肩关节功能明显受限,日久者可见冈下肌萎缩为主要表现的疾病。

肩袖肌腱是由冈上肌、冈下肌、肩胛下肌和小圆肌组成的。这种损伤常见于排球、体操、篮球、举重、标枪、手榴弹等项目。

（1）原因

体操、游泳、投掷、举重、排球或棒球等运动项目的动作技术要求肩关节反复进行超范围的活动,引起肩袖肌腱不断受到周围肌群的挤压、摩擦和牵拉。

（2）征象

肩袖损伤的症状表现为肩部疼痛、活动受限、局部压痛、肌肉萎缩等。主要特征为上臂外展60°～120°时,肩外侧产生疼痛,即"疼痛弧"。

（3）处理康复

局部休息,对急性损伤有剧痛者,应将患侧上臂置于外展30°位置固定以减轻疼痛和减少肩部活动量。24小时后可外敷中药并配合理疗、按摩、针灸治疗,再进行适当的肩部柔韧性练习。可以视情况而采用局部封闭强的松龙与普鲁卡因混合液注射。若有肌膜完全断裂者,应送医院治疗。

（4）按摩治疗方法

①患者取坐位或站立位,推拿师对其上臂、肩峰、肩井和肩胛部位进行揉法和滚法。

②双手用拿法对两侧肩部和肩井处肌肉推拿数次。

③点按肩井穴。

④一手握住患侧腕部,略将上肢抬起,另一手对腋前极泉穴和腋后肩贞穴推拿数次。

7.踝关节扭伤

踝关节扭伤是指在外力作用下,关节突然向一侧活动时,超过了正常的活动角度,从而引起了关节周围软组织发生撕裂伤。轻者仅仅有部分韧带纤维撕裂,重者可以造成韧带完全断裂等,甚至发生关节脱位。踝关节扭伤多是因为在不平的地面行走、运动中过度内翻和外翻导致的。踝关节韧带主要分为外侧副韧带和内侧副韧带。外侧副韧带比较薄弱,并且足内翻比足外翻的活动范围大,这就导致了外侧副韧带损伤较为多见。

第七章　青少年运动康复理论及科学保障体系的构建

关节扭伤后应该及时处理,原则就是消肿、散瘀、制动,使受损伤的组织得到良好的修复。

（1）征象

①踝关节扭伤时有撕裂感,踝关节内侧或外侧有明显的压痛。

②内、外踝有明显肿胀,局部有皮下瘀斑,踝关节活动受限,行走困难。

（2）处理康复

在扭伤的早期进行冷敷以缓解疼痛和减少出血、肿胀。48小时后,可以进行理疗、封闭、外敷药物等,要适当休息并且注意保护踝关节。

①韧带不完全断裂

一般来说,可以进行局部冷敷,减少渗出。中药外敷,消肿止痛。症状较严重者用胶布或石膏绷带将足和踝固定于外翻位10~12天。胶布固定法是先洗净皮肤,涂安息香酸,用数条4~5厘米宽的胶布于踝内侧绕过足跟底至小腿外侧粘贴,将足保持外翻位。解除固定后,再用弹性绷带包扎,避免增加韧带张力的活动,约6周可完全恢复。

②韧带完全断裂

外侧副韧带完全断裂,用石膏或超关节夹板将踝关节固定于中立位及轻度外翻位处固定6周。

③外侧撕脱骨折移

作切开复位和内固定,再用石膏固定6~8周。

（3）按摩治疗

①准备阶段。用擦法、推法、揉法对足部、踝关节、小腿进行放松,点按昆仑穴、太溪穴、足三里、旋钟;先点后拨动,每穴点拨1分钟。

②治疗阶段。采用理筋法、弹筋法等。

③结束阶段。局部按压,然后做足、踝部的抖动。

二、运动疾病的预防与处理

（一）运动疾病的预防

1. 制定科学的训练比赛计划

在训练计划和比赛计划的制定上,要充分考虑到运动员的性别、年龄和身体功能水平,制订科学合理的训练计划;比赛计划也应根据运动员的身体功能水平以及比赛经验等实际情况进行合理安排,应避免过多地安排比赛。

2. 遵守运动训练的基本原则

严格遵守体育训练原则,包括全面发展、循序渐进、区别对待、持之以恒和安全性原则等。对于青少年运动员来说,要全面发展个人身体素质,不要急于增加运动量,给局部造成过重的负担。

3. 避免疲劳积累

疲劳的发生机制目前尚不明确,但消除疲劳的手段和方法有很多,在运动训练后要通过这些手段和方法来消除疲劳。

比如,保证充足的睡眠是训练后恢复的重要手段。运动员要形成良好的生活作息制度,避免在休息时间内进行过多的娱乐活动;通过科学合理的饮食获取营养,来提高代谢速率,使身心尽早恢复。此外,通过针灸、按摩、理疗、水疗和一些放松活动也对消除疲劳、预防运动性病症具有很好的帮助。

4. 加强训练的医务监督工作

(1)定期对运动员进行身体检查和功能评定,以便及时发现器官系统中存在的问题隐患,做到早发现、早诊断、早治疗。

(2)加强对训练的医务监督工作,及时了解运动员在训练中的身体反应与心理状态,并将结果反馈给教练员或体育教师,使得训练安排和体育教学更有针对性,从而避免运动性病症的发生。

(二)运动疾病的处理

1. 过度紧张

长时间不参加体力活动或很少参加体力活动的青少年,突然加大运动负荷就可能导致对运动动作、技术方法不熟悉或因心理因素(如担心别人嘲笑、担心旧伤复发)而发生过度紧张的现象。

过度紧张可令青少年的身心产生各种不适,轻者头晕、眼前发黑、面白、无力、站立不稳;严重者会出现嘴唇青紫、呼吸困难等症状。

青少年在参加体力活动时,如果出现过度紧张的现象,可以采取以下处理方法:

第七章 青少年运动康复理论及科学保障体系的构建

（1）停止参加运动，进行必要的休息。

（2）急救时，患者平卧，衣服松解，同时注意保暖，点掐其内关和足三里穴。

（3）昏迷者，可掐人中使患者苏醒。

（4）休克者，先进行休克处理，然后送往医院救治。

2. 肌肉痉挛

肌肉痉挛，也就是我们通常所说的抽筋，发生这一症状的主要原因在于准备活动不足。肌肉抽筋可导致肌肉不自主强直收缩、僵硬、疼痛，有一定的活动障碍。

青少年在发生肌肉痉挛时可以采取以下处理方法：

（1）轻者，牵引痉挛肌肉。

（2）腿部肌肉痉挛者，尽力直膝、伸踝、拉长痉挛肌肉，缓解肌肉的疼痛感。

3. 肌肉延迟酸痛

一般情况下，肌肉延迟酸痛多发生在本次健身活动量突然超过之前的运动健身量，是机体肌肉不适应运动负荷的一种表现，发生这一现象后，青少年的身体局部会感到肌肉酸痛，有涨、麻感。

青少年在发生肌肉延迟酸痛现象时，可以采取以下几种处理方法：

（1）进行局部热敷或按摩。

（2）口服维生素 C 以缓解出现的各种症状。

（3）采取按摩、针灸或电疗等手段。

4. 运动性低血糖

低血糖是指个体空腹时血糖浓度低于 50 毫克/分升的一种症状表现。健身时间过长或者运动健身者在饥饿的状态下健身可导致低血糖症的发生。轻者面色苍白、心烦易怒；重者视物模糊、焦虑、昏迷。

青少年在发生运动性低血糖时可以采取以下处理方法：

（1）平卧、保暖。

（2）饮浓糖水或吃少量食品。

（3）低血糖昏迷者，可针刺人中穴，并迅速送往医院进行进一步的诊治。

5. 运动性高血压

运动性高血压主要是运动不当而导致血压升高的病症,运动负荷过大时容易发病。这一病症的症状主要有头痛、头晕等。

青少年在发生运动性高血压时可以采取以下处理方法:

(1)适当地调节运动负荷量,注意运动期间的休息。

(2)进行适当的药物治疗。

6. 运动性贫血

医学检查中,正常男子的血红蛋白含量为 0.69～0.83 毫摩尔/升,正常女子的血红蛋白含量为 0.64～0.78 毫摩尔/升。运动中导致个体的血氧供应不足,出现贫血现象,其症状主要有头晕、恶心、呕吐等。

青少年发生运动性贫血时可以采取以下处理方法:

(1)减少运动量,必要时停止参加各种形式的体力活动。

(2)食用富含蛋白质、铁质、维生素的食物。

(3)服用抗贫血药物。

7. 运动性血尿

青少年在参加体力活动时,如果运动强度过大,就容易超出身体的承受度而导致出现运动血尿的现象。轻者仅可在显微镜观察下出现血尿,严重者有直观的血尿现象,并伴有腹痛、头晕等症状。

青少年在发生运动性血尿时可以采取以下处理方法:

(1)进行全面的身体检查,排除病理性血尿,以免误诊。

(2)发现肉眼可见血尿,停止参加任何形式的运动。

(3)肉眼可见无明显症状,可以适当地调整运动负荷,保持合理的运动量。

8. 运动性腹痛

运动性腹痛,主要是因运动不当引起,一般性运动腹痛按压可缓解,无其他并发症。如果发生生理性腹痛需要引起高度重视。

青少年在发生运动性腹痛时可以采取以下处理方法:

(1)及时了解腹痛的性质和部位,排除病理因素。

(2)运动性腹痛,减小运动量或停止运动。

(3)肠胃炎、阑尾炎、炎症引发的腹痛应及时就医,以免延误病情。

第七章 青少年运动康复理论及科学保障体系的构建

9. 中暑

运动性中暑多发生在夏季户外长时间的体力活动中,机体处于高温环境,身体体温升高超出生理承受范围发生高热状态。

青少年在发生中暑现象时可以采取以下处理方法:

(1)发现有中暑先兆,先到阴凉处避暑,适当饮水,解开衣物,湿毛巾擦拭身体。

(2)中暑严重者:降温、平卧,牵引痉挛肌肉,服含盐清凉饮料或解暑药。

(3)中暑衰竭和昏迷者:降温、平卧,掐人中、涌泉、中冲等穴,服含糖、盐饮料,按摩,尽快送往医院治疗。

10. 溺水

游泳是非常常见的运动健身项目,深受青少年的欢迎和喜爱。在游泳健身时,其特殊的水运动环境能给健身者带来不一样的运动体验和运动健身益处,但是,游泳健身中也时常有溺水现象的发生。在发生溺水现象时可以采取以下几种施救方法:

(1)及时靠近溺水者

根据溺水者的具体情况采取不同的方式方法接近溺水者。

①溺水者尚有意识,在水中挣扎时,可潜入溺水者身前,双手抓其髋部使溺水者背对自己,手托其腋下使其脸部露出水面;或抓溺水者对侧手腕,迅速外拉使溺水者背对自己,脸部露出水面。

②溺水者已沉至水底,下潜用一手抓溺水者上体或拽其衣服拉出水面。

(2)拖带

①蛙泳拖带。让溺水者两手扶救护者两肩或腰背部进行拖带。

②托腋拖带。施救者仰卧水中,抓溺水者双腋,反蛙泳蹬腿游进。

③夹胸拖带。施救者侧卧水中,一臂从溺水者肩部绕过胸前抓另一侧腋下,另一臂在体下划水,两腿蹬剪腿游进。

(3)岸上急救

①畅通气道。如溺水者有自主呼吸,保持气道通畅。如溺水者无自主呼吸,应迅速清除异物。

②排水。将溺水者腹部搁在屈膝的腿上,使溺水者口朝下,压溺水者背部。

③心脏复苏。如果溺者无呼吸,心跳已停止,要立即进行人工呼吸、实施胸外心脏按摩。使溺水者仰卧,施救者骑跪其大腿两侧,两手掌相叠,掌根按其胸骨下端(儿童用一个手掌;婴幼儿用三个手指),两臂伸直,身体前倾,借助体重下压,力达掌根,使胸骨下陷3~4厘米,迅速放松,掌根不离位,每分钟做60~80次(儿童80~100次/分钟,婴儿大于100次/分钟),直到恢复心跳。

11. 休克

在参加强度较大的体力活动时,机体遭受强烈的致病因素后通常会发生休克现象。休克这一现象在青少年参加体力活动的过程中并不常见。在出现这一现象时可以采取以下处理方法:

(1)如果患者症状较轻,可以采取安静平卧的方式缓解症状。如果患者症状严重,伴有心率衰竭,应保持安静,使其平卧,并做好患者的保暖。

(2)做上述处理后,还要服热开水及饮料,针刺或点人中、足三里、合谷等。

(3)如果休克的产生原因与骨折等外伤的剧痛有关,可以选择镇痛剂处理。

(4)做简单的处理后,及时送往医院进行诊治。

第五节　运动康复之运动疲劳的预防与消除

一、运动疲劳概述

(一)运动疲劳的概念与分类

1. 运动疲劳的概念

以一般健身活动为比较对象,竞技运动往往会对身体产生更大、更深刻的刺激。在现代竞技运动水平持续提升的背景下,运动负荷也在随之增大,越来越多的学者和专家开始关注和研究运动性疲劳。当运动时间达到一定长度之后,人体运动能力往往会呈现出下降趋势,疲劳就由此产生。第五届国际运动生物化学会议对运动性疲劳的定义为:机体不能将它的功能保持在某一特定水平上和(或)不能维持某一预定的运

第七章 青少年运动康复理论及科学保障体系的构建

动强度的状态。该项定义是把疲劳状态下体内组织器官的功能水平与运动能力结合在一起后再对疲劳的发生与程度加以评价,这充分反映了运动性疲劳相对显著的个体差异性特征。

需要补充的是,运动性力竭是运动性疲劳的独特形式之一,是疲劳发展的最终阶段。运动性疲劳是机体运动时间达到一定长度后,无法继续保持原强度的工作,而运动性力竭是彻底不能运动。

2. 运动疲劳的分类

一般人们根据运动疲劳的影响范围而将其分为局部疲劳和全身疲劳,这是一种较为简单的分类方法。除此之外,根据疲劳的部位和性质可将其分为以下四类:

(1)肌肉疲劳

在运动中肌肉的收缩时间和松弛时间如果延长,就会产生疲劳。疲劳使肌肉随意收缩的能力下降。此外,肌肉还会出现诸如僵硬、肿胀和疼痛等症状。

(2)内脏疲劳

内脏疲劳主要是与运动相关内脏的疲劳,主要包括心脏疲劳和呼吸系统的疲劳。其中,心脏出现疲劳时,心脏每搏输出量首先受到影响,表现为收缩压下降、舒张压上升、心率异常、脉压减少和心电图谱发生改变。当呼吸系统出现疲劳时,人体与外界环境的交换能力下降,从而表现为呼吸急促,并有胸闷气短的感觉。

(3)神经疲劳

神经疲劳主要表现为大脑皮层机能低下,兴奋抑制过程平衡失调。具体的外在表现为思维反应迟缓、对事物的辨析能力降低、记忆力减退、注意力不集中、烦躁易怒、失眠多梦等。

(4)心理疲劳

在多数情况下,心理疲劳非常容易与神经疲劳相混淆。实际上心理疲劳的概念更能够解释常见的现象行为。当人处于心理疲劳的状态时,通常会表现出对感觉、知觉、记忆、思维、个性等方面的不适。

(二)运动疲劳的表现

通常情况下,运动性疲劳会被划分成轻度疲劳、中度疲劳以及重度疲劳,这里依次对这三种疲劳的具体表现进行阐析。

1. 轻度疲劳

运动结束后出现疲劳感是一种正常现象,常见表现是呼吸变浅、心跳加快等。一般来说,轻度疲劳所需的恢复时间较短。

2. 中度疲劳

对于中度疲劳,可以从自我感觉、精神以及全身三个方面的表现来判定。在自我感觉上会出现全身疲倦、嗜睡、无力等感受;在精神上会出现精神难以集中、心情烦躁、情绪低沉、出差错频率提高这四个方面的表现;全身的表现主要是面色苍白、眩晕、肌肉抽搐、呼吸难度大、口舌干燥、声音嘶哑、腰酸腿疼等。采取一系列恢复锻炼措施往往能快速消除中度疲劳,对身体产生的影响可以忽略不计。

3. 重度疲劳

神经反应缓慢、兴奋难度大、情绪烦躁、出现抵触心理等都是重度疲劳的具体表现。机体肌肉的具体表现是肌肉力量降低、收缩速度缓慢、肌肉产生僵硬、肿胀以及疼痛的感受,动作速度和协调程度都大大降低。机体抵抗或者适应阶段累积的各项能力慢慢消失不见,与此同时产生和应激存在关联的疾病,表现器官的功能呈现出退化趋势,重度疲劳由此产生。倘若机体产生的重度疲劳没有在短时间内消除,一定会对身体健康、学习、生活产生很大的影响。

(三)运动疲劳的诊断

疲劳的出现是不可避免的,为了更及时地洞察疲劳的出现,以便采取最佳的措施对待,就需要对疲劳进行准确判断。运动者进行运动疲劳判断的方法主要有以下几种:

1. 观察法

观察法一般被指导运动训练的教练员(教师)所采用,其通过观察运动者在运动中的外在表现,如是否出现脸色苍白、反应迟缓、情绪改变等现象。在运动状态上还可以观察运动者技术动作是否出现了做不到位、动作衔接脱节等情况。当出现上述情况时,则可判断其出现了运动疲劳。

第七章 青少年运动康复理论及科学保障体系的构建

2. 感觉法

最了解自身情况的是运动者本身,依靠他们的主观感觉判断疲劳产生的准确率较高。当运动者自我感觉疲乏、心悸、头疼、恶心、四肢无力等,则几乎可以被判定为属于运动疲劳。运动者可参考表7-1的自我感觉症状监测对照表来评价自身的疲劳状况,出现的症状越多,则表明疲劳程度越深。

表7-1 自我感觉症状监测对照表

精神症状	躯体症状	神经感觉症状
脑子不清醒,头昏眼花	头沉	眼睛疲劳,眼冒金星,眼睛无神
思想不集中,厌于思考问题	头痛	眼发涩,发干
不爱动和说话,表情淡漠	全身懒倦	动作不灵活,动作出错
针扎似的疼	身体无力、疼痛或抽筋	脚跟发软,脚步不稳
困倦	肩发酸	味觉改变,味觉厌腻
精神涣散,呆滞迟钝	呼吸困难,气短	眩晕
对事情不积极	腿无力	眼皮和其他肌肉跳动
很多事情想不起来	没有唾液、口发黏、发干	听觉迟钝,耳鸣
做事没有信心,做事出错	打哈欠	手脚发颤
对事情放心不下,事事操心	出冷汗	不能安静下来
信心不足,敏感固执	动作不协调、不精确	恶心
孤僻、沮丧、缺乏兴趣	心悸,呼吸紊乱	食欲不振
记忆力减退		
厌烦运动训练		
睡眠不好		

3. 生理指标测定法

(1)体重:运动者进行长时间运动时,泌汗增多,从而造成体重下降,其降低程度与运动量大小密切相关。

(2)肌力:可测定握力、背力和腿力,早晚各测一次,或运动前后测定,观察其差数和恢复情况,如次日晨已恢复可判定为正常的肌肉疲劳。

(3)肌张力:肌肉疲劳时,随意放松的能力降低,肌肉放松时张力增加,肌张力振幅减小。

（4）呼吸肌耐力测定：让受试者连续测 5 次肺活量，每次间隔 15 秒（吹气时间包括在内），记录各次结果。当运动者疲劳时，肺活量逐渐下降。

（5）脉搏：可测定晨脉或运动前、运动后和恢复期的脉搏，来判断疲劳情况。脉搏频率增加的程度与疲劳程度成正比。

（6）血压：可测定晨起血压或运动前、运动后和恢复期的血压。如果晨起血压较平时高 10% 以上，运动负荷期间收缩压上升过多或上升不明显，舒张压上升，或血压恢复时间延长等，多表明机体有疲劳现象。

二、运动疲劳的发生机制

（一）外周机制

1. 能源衰竭学说

能源衰竭学说认为，机体之所以会产生疲劳，是因为在运动过程中体内被大量消耗的能源物质得不到及时补充。实验证实，能源物质大量消耗是引起运动性疲劳的直接原因，能源物质的消耗量与运动强度、时间有直接的关系。具体如下：

（1）在参与短时间大强度运动的过程中，肌肉中的 ATP 和 CP 两大能源含量很低，只能够供应 10 秒内的运动，超过 10 秒后就无法继续供应能量，因此容易发生疲劳。

（2）在参与中等强度运动的过程中，以糖酵解和有氧氧化混合供能为主，且仅能供应 1 分钟的运动。

（3）在参与长时间运动的过程中，以有氧氧化功能为主，随着练习强度和时间不断增加，肌糖原大量耗竭，机体工作能力下降，此时需及时补充糖来维持和提高工作能力。

2. 突变学说

爱德华兹（Edwards）于 1983 年在神经—肌肉疲劳控制链（图 7-1）的基础上，提出了肌肉疲劳的突变理论。

依据突变理论，爱德华兹（Edwards）提出了神经激素免疫系统和代谢调节疲劳链（图 7-2）。该理论主要从肌肉力量、能量代谢、兴奋性或活动性等方面对运动疲劳产生的原因进行综合分析。

第七章 青少年运动康复理论及科学保障体系的构建

（1）在运动疲劳中，机体能量消耗，但不会引起兴奋性丧失。

（2）能量消耗和单纯兴奋性丧失综合体现在运动疲劳中。

（3）能量消耗和兴奋性丧失的衰变存在一个急骤下降的突变峰。

精神（大脑）
↓ 降低神经冲动和运动单位募集
脊髓
↓ ←降低反射发射
外周神经
↓ ←降低活动电位
肌肉运动终板
↓ ←K^+、Na^+、H_2O平衡紊乱
肌肉横管系统
↓ ←降低兴奋性
Ca^{2+}
↓ ←活动下降
肌动-球蛋白反应能量供应减少
↓
横桥紧张+热←热损伤
↓ ←肌节损伤
力量及功率输出

图 7-1

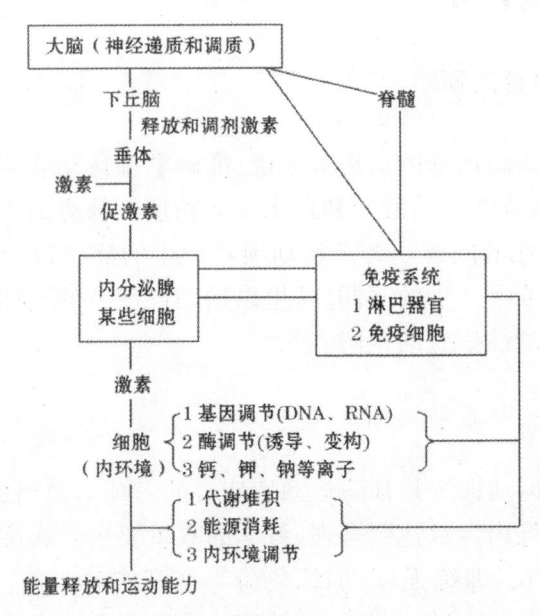

图 7-2

（二）心理机制

随着体育竞技比赛的日益激烈，运动者竞技水平的不断提高，以及体育商业化、职业化发展程度的不断增强，运动者承受的心理压力越来越大，从而直接造成了心理疲劳的产生，这对运动者的运动表现、运动成绩以及身心健康都是非常不利的。

具体来说，引起运动性心理疲劳的因素主要有以下几个方面：

1. 生理因素

如运动者四肢乏力、注意力不集中、心里烦躁、内心恐惧等。

2. 心理因素

如运动者情绪不稳定、自信心不强、心理素质较差等。

3. 环境因素

引起运动性心理疲劳的环境因素主要表现在以下几方面：
（1）训练的复杂性与紧张性。
（2）训练内容单调。
（3）训练环境恶劣。
（4）训练效果不理想。

三、运动疲劳的预防

对于参与运动训练的运动员来说，准确掌握运动疲劳产生的具体表现尤为关键，他觉性运动疲劳和自觉性运动疲劳都有助于及时发现和优化训练计划存在的问题。各类运动项目产生的症状以及产生症状的具体时间往往有或多或少的不同，这里以运动性疲劳的具体表现为基础来阐述大学生运动性疲劳的预防。

（一）合理安排运动训练

科学安排运动训练是预防运动性疲劳的一项有效措施，教练员一定要保证所有训练内容都达到合理、科学的双重要求。教练员应当结合运动员的训练时长、训练强度、训练负荷等展开实时监控，从而尽早发现隐患和问题。由此可见，预防运动性疲劳的一项重要工作是制定科学可

第七章　青少年运动康复理论及科学保障体系的构建

行的训练计划,制定过程中一定要密切联系运动项目的实际状况,把包括运动强度和运动环境在内的多方面因素都考虑在内,在各个环节都严格遵循循序渐进的原则,参照实际状况来调整各项原则,保证大学生承受的运动负荷和疲劳恢复处于和谐统一的关系。

（二）认真完成热身活动

充分的准备活动能够对内脏器官以及肌肉惰性产生唤醒作用,从根本上降低肌肉粘滞性,由此促使大学生以更快的速度适应大运动量的运动节奏。大学生参与的热身活动应当随着运动训练环境的变化而做出相应的调整。一般来说,低温环境中能量代谢速度快、体热挥发速度快,所以教师应当安排充分热身活动与保暖有机结合的方式,有效避免学生出现运动损伤,并最大限度地延缓学生出现运动性疲劳的时间;而湿热环境中运动员体热的散发速度比较慢,出现中暑以及运动能力失调的可能性会大大提高,会在一定程度上影响训练进程。

（三）加强自我监测

大学生可以参照生理指标与心理指标来及时发现运动性疲劳产生的具体情况加以调整。

1. 生理指标

（1）学生可以对自身早起前在床上处于安静状态时脉搏1分钟或者10秒实施数据统计。倘若此阶段内安静状态下脉搏呈现出上升趋势,则表明学生需要合理控制运动负荷量。

（2）学生可以连续测量并记录每天早晨起床后便后、饭前的体重,如果这个时间段的体重呈连续减轻的趋势,则表明大学生需要关注并分析自身是否存在运动性疲劳。

2. 心理指标

学生还可以凭借主观感觉判断自身是否存在运动性疲劳,出现运动性疲劳的常见信息是肌肉酸痛、无规律可循的肌肉痉挛、心慌、出现想要终止运动的想法,某些情况下还会出现拒绝进入运动场的想法。

(四)出现运动疲劳症候后及时上报教练员和团队

运动性疲劳的常见症候有:训练过程中出现心慌气短、胸闷、伴有发热和血尿等症状;由于运动热情不足造成自身的运动能力出现幅度下滑,完成动作的速度慢,参与团体项目时在短时间内完成准确判断的能力衰退;在赛场上具体表现时情绪不稳定、身体能力发挥出现波动或者突然出现肌肉痉挛;女运动员有很大可能会出现经血过多或者经期推迟的情况,某些情况下还会出现停经;等等。当运动员出现运动性疲劳的常见症候时,必须尽早报告教练员以及团队。

(五)良好的生活环境和训练环境

运动训练是具备系统性特征的过程,训练自身因素和训练环境都发挥着不可替代的作用。在运动训练过程中,建议教练员优先选择达到较多要求的场地条件、温度和湿度都比较适宜的环境条件,同时规律性饮食、良好睡眠质量、合理营养补充也是必不可少的,要确保生理负担在学生可承受范围内,有效避免运动性疲劳产生,促使训练质量获得大幅度提升。

保证学生生活节奏与训练节奏达到正确性要求,保证生活制度的相关安排达到规律性要求,这两个方面的要求是保障学生运动性疲劳得到有效预防与消除的重要途径。对于每个个体来说,各种类型的活动都需要大脑皮层发挥支配性作用,节奏正确的深远意义是大脑皮层中产生"运动定型",推动机体活动达到"自动化""节省化"的双重要求。减轻机体生理负担对运动员提升自身运动训练成绩和充分消除运动性疲劳都有积极作用。在日常生活中,学生应当杜绝不良生活习惯,保证自身生理机能处于良好状态,不断提高运动训练的实际效率,最大限度地延缓运动性疲劳的出现时间。

(六)功能训练

功能训练起源于运动康复,多年观察表明,产生运动损伤的常见原因是稳定肌功能有待提高、肌肉用力失衡,功能动作筛查能够相对准确地筛查学生有无出现这两种状况。功能训练筛查的常见项目分别是过栏架、肩部灵活性测试、前后分腿蹲、深蹲、主动直膝抬腿、躯干稳定性

第七章　青少年运动康复理论及科学保障体系的构建

测试。凭借功能训练预防人体出现运动性疲劳的机制旨在防止机体出现运动损伤。截至当前,尽管很多专家和学者对概念和基础理论和体能训练的关系未能得出统一意见,但都在一定程度上肯定了功能训练产生的积极影响。一般来说,我们会将稳定肌群的肌肉称之为核心力量。当运动项目存在差异时,参与肌群也会随之出现或多或少的差异,教练员不仅要设法强化专项肌肉群,同时要确保学生的肌肉系统保持协调统一的关系,由此使神经肌肉的效率得到大幅度提升。需要注意的是,功能训练并未强调肌肉的表面积与形状,而是促使核心肌肉群训练的效果达到最大化,推动小肌肉的协调发展,从而促使学生完成配合专项肌群工作时形成的运动能力达到最大化。从整体来分析,绝大多数功能训练都是凭借复杂结构加大肌肉的拉伸程度,采取多元化训练手段参与不同类型的平面协调练习,由此达到延缓运动性疲劳产生以及缩短运动性疲劳恢复时间的目的。

四、运动疲劳的消除

（一）运动后休息

1. 积极性休息

（1）变换活动部位和调整运动强度

1903年,苏联学者谢切诺夫进行了测力描记实验。具体流程为:当受试者右手握测力器工作至疲劳之后,进行长达10分钟的静止性休息之后再次握力直至产生疲劳,准确计算并记录测力器的次数与时间;进行长达10分钟的休息之后,换左手握测力器工作2.5分钟,达到时间后换右手握测力器直至出现疲劳,采用相同办法准确计算并记录受试者右手达到疲劳时握测力器的次数与时间。最终结果表明,以左手继续工作替代静止性休息有助于缩短受试者右手的恢复时间、增加右手的安全性。谢切诺夫采取转换活动的手段来消除运动性疲劳的方法就叫积极性休息。

巴甫洛夫对上述实验结果的解释是,因为支配工作不久的左手活动的大脑相应中枢的兴奋,能够使因为受到负诱导影响而已经疲劳的、支配右手活动的中枢形成的抑制迅速增加,如此能够从根本上加快受工作影响而消耗掉的物质恢复时间更短,由此使受试者右手的工作能力大大增强。通过参与运动来加快血液循环速度、增加机体内部的氧气和营养物质是提高疲劳手工作水平的一项有效途径。相关研究证实,消除乳酸的众多实践活动证实,人体处于静止性休息状态下,血乳酸消除的半时反应约为 25 分钟,恢复至运动前水平大约需要花费的时间是 1 ~ 2 小时;而人体处于积极性休息时,血乳酸消除的半时反应约为 11 分钟,恢复至运动前水平大约需要花费的时间是 0.5 ~ 1 小时。

（2）整理活动

整理活动就是正式练习结束后完成的部分加快机体功能恢复速度的身体练习,比较常见的是慢跑、呼吸体操、肌肉韧带拉伸练习等。个体参与整体活动的意义是:最大限度地减少肌肉的延迟性酸痛,促使机体的运动性疲劳尽早消除;改善机体血液循环状况,促使机体下肢的血液平稳回流,从根本上加快机体内部代谢产物的消除速度;有效避免激烈活动在短时间内快速停止造成机体功能处于不协调状态,比较常见的有重力性休克等。

2. 睡眠

积极性休息是不可以替代静止性休息的,原因在于积极性休息同样是众多活动中的一种,不断转换也依旧无法阻止运动性疲劳的累积。因此正常睡眠是消除运动疲劳不可替代的重要方式。当人体处于睡眠状态时,会或多或少地加深大脑抑制过程,有效加快合成代谢的整体速度,最终达到消除运动性疲劳、全面恢复机体体力与精力的双重目标。通常情况下,个体睡眠时间存在着或多或少的不同,一般 7 ~ 9 小时就可以保证个体的睡眠质量,绝大多数正处在生长发育期的青少年都需要 10 小时的睡眠时间。

（二）合理的营养

当个体参与体育锻炼时,需要消耗大批量能源物质来源源不断地向机体提供能量,由此能够得出,运动结束后及时补充营养物质,对消除运动性疲劳和改善锻炼效果都是至关重要的。为此,作为一名参与运动活动的学生,一定要在运动结束后合理摄入各种营养物质,参照具体的运动形式与运动时间来有目的、有计划地补充人体所需的营养物质,由此达到运动性疲劳消除的时间和身体恢复的时间。

1. 能源物质的合理调配

将运动结束后需要补充的热量按照蛋白质、脂肪、糖三种营养

第七章　青少年运动康复理论及科学保障体系的构建

物质按比例划分,对于绝大部分运动员而言,三者比例都应当是1.2∶8.0∶4.5;受负荷特点的影响,耐力性运动项目要求适当提高运动员膳食结构中糖的含量,具体比例是1.2∶1.0∶7.5;运动负荷偏小的运动项目,最佳比例是1.0∶0.6∶3.5。运动员摄入的蛋白质、脂肪以及糖的总量应当密切参照运动员的机体代谢需求。

2.营养物质的补充方法

(1)糖的补充

通常情况下,全身糖储备总量约为300～400克,包括马拉松在内的很多长距离运动项目均能够让糖储备出现耗竭。个体参与运动后的6小时以内,肌肉内部糖原合成酶活性会达到最高值,如此对糖原合成有很大的积极作用,所以说运动结束后应当尽早补充糖。在运动后即刻、2小时以内以及每隔1～2小时连续补糖,能够让肌糖原合成量达到最高值。一般来说,淀粉类食物的含糖量大约是70%～80%,释放速度比较慢,引起胰岛素分泌进而使得机体血糖骤然下降的可能性为零,此外,淀粉中还包含维生素、无机盐和纤维素,因此建议大学生在训练活动结束后或者比赛结束后的恢复期要适当补充淀粉类食物。

(2)蛋白质的补充

蛋白质是人体肌肉收缩、运输氧气以及调节代谢不可或缺的物质,有助于细胞组织的生长过程、更新过程以及修补过程都处于良好状态,所以说运动者在蛋白质方面的实际需求要比常人多一些。但必须着重说明的是,补充越多蛋白质并非一定能对肌肉增长产生积极作用,如果机体内部的蛋白质或者氨基酸总量超出正常范围,则会大大增加肝和肾的负担,由此对运动者的健康产生负面影响。

正常情况下,参与运动的大学生蛋白质供应量应当是一日总热量的12%～15%,优质蛋白质在蛋白质总量中占据的最佳比例是1/3。就运动员的年龄来说,成年运动员按体重为1～2克/千克,少年运动员为2～3克/千克,儿童运动员为3～3.4克/千克。就参与力量性训练的大学生运动员以及需要控制体重的运动员而言,有必要适度增加蛋白质的摄入量,建议将摄入量提高至18%。

(3)脂肪的补充

对于参与运动训练的大学生而言,无须刻意补充脂肪,最佳脂肪量占总热量的25%～30%即可。由于参与游泳运动或者参与冬季运动项目的大学生运动员机体会散出很多热量,所以建议大学生运动员科学增加膳食中的脂肪含量,但脂肪含量应当控制在总热量的35%以下。

（4）维生素的补充

维生素是机体各项代谢的重要参与者。在运动过程中,维生素需要量往往会随着物质代谢逐步旺盛而有所增加,机体维生素不足的后果是机体抵抗力和酶活性下降、氧化还原过程的实际速度减慢、运动能力减弱、运动性疲劳的程度加深。参与运动训练的大学生摄入维生素的部分推荐量建议见表7-2。

表7-2 运动员维生素的推荐量建议

运动情况	维生素 A	维生素 B_1	维生素 B_2	维生素 C
一般训练期	1 500微克视黄醇当量,视力紧张运动项目可增至1 800微克视黄醇当量	3~5	2~2.5	140
比赛期	—	5~10	2~3	200

（5）矿物质的补充

机体内矿物质的生理功能是：参与构成机体组织,维持细胞渗透压及体内酸碱平衡,维持神经肌肉兴奋性和细胞膜通透性,作为酶的激活剂或组成成分调节酶活性等。在运动状态下,当机体代谢越来越旺盛时,机体消耗的矿物质以及伴随汗液排出体外的矿物质都会随之增加,同时大运动训练造成机体吸收矿物质的水平下降,均会对运动者机体各项功能的发挥产生负面影响。部分矿物质运动员的推荐量建议可参见表7-3。

表7-3 部分矿物质运动员的推荐量建议

矿物质	推荐量
钙	1000~1200毫克/天,大运动量项目或高温下训练、比赛可考虑上限
铁	男运动员常温下训练比赛为20毫克/天,高温下为25毫克/天；女运动员常温下训练比赛为25毫克/天,高温下为30毫克/天
锌	常温下训练比赛为20毫克/天,高温下为25毫克/天
硒	50~150微克/天

（6）水的补充

在运动状态下,尤其是在炎热环境中运动时,机体内部产生的热量会大大增加,机体会凭借发汗达到散热的目的,而大量发汗不可避免地会使体液与电解质大量丢失,从而诱发机体脱水,对运动者运动能力的发展和身体健康的保持都有负面影响。要想有效保持人体正常生理功能、缩短运动结束后的恢复时间,就一定要及时补液。

当运动结束后,利用补液纠正机体脱水状态,即所谓的复水或者水的复合。刚刚参与剧烈运动后,尽可能早地完成复水有助于加快身体功能恢复速度,具体的补液量应当结合运动者体重来确定。运动后补液一定要严格遵循少量多次的原则,杜绝运动者暴饮。补充液体应当包含糖、电解质的运动饮料,糖的含量应当是5%~10%,钠盐含量为30~40毫摩尔/升,由此达到在短时间内迅速复水的目标。如果参与运动训练的大学生只饮用白水,则会在一定程度上降低血浆渗透压、增加排汗量,使得机体复水时间有所推迟。

(三)中医药手段

当运动性质存在差异时,机体出现运动性疲劳的具体症候也会随之出现变化,教师及其相关人员应当参照中医理论对运动性疲劳分型,具体就是形体疲劳、神志疲劳、脏腑疲劳以及比较多见的运动性疲劳症候,只有达到对症选药、对症组方的双重要求,方可充分消除运动性疲劳,推进运动性疲劳恢复进程,使大学生的运动能力得到质的飞跃。就现阶段来说,大学生运动性疲劳恢复的主要着手点分别是健脾益气、补肾壮阳或补益气血。需要补充的是,中药能够有效对抗自由基,使用广泛的抗氧化剂中药分别是人参、当归、五味子等。

(四)心理学手段

当训练和比赛告一段落后,对大学生采取心理调整措施往往能使他们精神的紧张程度有所下降,使得大学生的心理状态更加放松、更加健康,有效推进大学生神经能量恢复进程,由此作用于大学生身体其他器官和系统的恢复进程。不管是心理调整训练,还是音乐疗法和不同类型的文娱活动,均有助于大学生紧张情绪的放松以及运动性疲劳的消除。

第六节　运动康复之运动处方的制定与实施

运动处方是运动康复保健的核心部分,运动处方的制定和实施是运动康复保健科学化、定量化、个别化(因人而异)的保证。

一、运动处方概述

(一)运动处方的概念

运动处方,实际上就是康复医师或体疗师,根据医学检查资料,并且综合运动锻炼者或患者健康、体力以及心血管功能状况,以处方的形式,来规定运动的各项要求和指标,同时,还要对运动过程中的注意事项加以强调。其对人们有目的、有计划、科学地运动锻炼起到积极的指导作用。

(二)运动处方的分类

1. 按锻炼的对象和作用分类

按照这一标准,可以将运动处方分为治疗性运动处方、预防性运动处方和健身、健美运动处方。

2. 按锻炼的器官系统分类

按照这一标准,可以将运动处方分为心血管系统、运动系统、神经系统以及呼吸系统等方面的康复运动处方。

(三)运动处方的组成

1. 运动目的

由于性别、年龄、职业、爱好和身体健康状况不同,其运动目的也有强身保健、防治疾病、健美减肥、伤病康复及提高运动成绩等之分。

第七章 青少年运动康复理论及科学保障体系的构建

2. 运动种类

（1）有氧运动

有氧运动在运动处方中是最主要和最基本的运动手段。其所包含的运动项目有：步行、走跑交替、慢跑、游泳、滑冰、滑雪、自行车、室内功率自行车、步行车、跑台等。有氧运动主要用于冠心病、高血压、肥胖症等多种慢性疾病的预防和康复。

（2）伸展运动

伸展运动主要包括两个方面内容：一个是运动负荷较小的放松性练习，主要是指太极拳、气功、五禽戏、八段锦、放松操等这些，改善心情，消除身体疲劳，或防治高血压病和神经衰弱是其主要作用；另一个是医疗体操和矫正体操，主要是指各种医疗体操、舞蹈、矫正体操等。其中，专门的呼吸体操主要针对慢性支气管炎、肺气肿患者，矫正体操则主要针对脊柱畸形、扁平足者。

（3）力量性运动

以恢复和提高肌肉力量，并促进肢体功能活动的运动，就是力量性运动，主要包括抗阻运动、主动运动、助力运动等，主要用于因各种原因引起的肌肉萎缩、肌力下降。

3. 运动强度

运动强度是运动处方定量化与科学性的核心问题，它影响到锻炼效果和安全。运动强度是单位时间内的运动负荷，即运动强度=运动负荷/运动时间。反映运动强度的生理指标常用心率（HR）。除去环境、心理或疾病等因素，当心率在110～170次/分钟范围时，心率与运动强度之间呈直线关系。按心率确定运动强度的方法有年龄减算法和靶心率法（THR）两种。

4. 运动时间

运动时间指每次持续运动的时间。耐力性运动的持续时间为30～60分钟，一般为20～30分钟（除去准备活动和整理活动时间），其中达到适宜心率的时间最低须持续10分钟以上。不同人群的运动时间是不同的，比如，健康成年人宜采用中等强度、长时间运动；体质弱或有疾病症状者，宜采用小强度、长时间运动；年轻体质好的宜采用大强度、短时间运动。

5. 运动频度

运动频度是指每周的锻炼次数。运动频度的决定性因素主要有运动强度和每次运动持续的时间。通常,每周锻炼 3～4 次是最适宜的频度,也就是隔日锻炼 1 次;如果每周不足 2 次,则效果不明显;此外,如果间隔时间超过 3 天,运动效果的蓄积作用就会消失,效果就明显减少。

6. 注意事项

在运动处方中,注意事项是非常重要的内容之一,这个并不是统一的,是在遵循具体情况具体分析原则的基础上,针对具体的每个锻炼者或患者的具体情况而提出的。

(四)运动处方的特点

1. 目的性强

在制定运动处方时,一定要保证其目标的明确性,不管是长期目标还是短期目标,都是围绕运动处方明确的目的进行的。

2. 计划性强

在运动处方中进行相关运动的安排时,要保证其计划性,这对于运动处方的顺利实施和长久坚持是有所助益的。

3. 科学性强

运动处方的制定和实施过程是必须要严格按照康复体育、临床医学、运动学等学科的要求进行的,这也是其具有科学性特点的一个重要原因。

4. 针对性强

运动处方是以每一个参加锻炼者的具体情况为依据来制定和实施的,针对性强,最终所获得的康复保健效果也较为理想。

5. 普及面广

运动处方简明易懂,容易被大众所接受,收效快,是进行运动康复保健的理想方法。

二、运动处方的制定

（一）确定康复的目的

在运动处方的制定时，明确运动康复保健的目的意义重大。因为康复保健的目的不同，在采用的康复手段上有很大的差别，其康复保健效果也完全不同。

1. 心血管系统康复保健的目的确定

在制定心血管系统康复保健的运动处方前，首先要将运动处方的禁忌症排除掉。对于能够进行运动处方锻炼的患者，确定其心血管系统康复保健的目的时，应考虑心血管系统康复保健的特殊性，需要根据患者的病史、心血管系统的功能状态，谨慎地确定康复保健的目的，康复保健的目标要适宜，不可定得过高。

2. 运动系统康复保健的目的确定

（1）远期目的：在制定运动处方前，要先将参加锻炼者进行运动康复保健的最终目的确定下来。

（2）近期目的：是指目前进行康复保健的具体目的和任务，是实现远期目的的保证。近期目的是制定运动处方中选择运动内容、确定运动方案的依据。

（二）选择运动内容

在进行运动处方运动内容的选择时，为保证其科学性与合理性，需要参照以下几个方面的因素：

（1）康复或健身的原因。

（2）运动所处的环境、条件，是否有人帮助等。

（3）受试者有怎样的兴趣、爱好和特长，在运动方面有哪些经历等。

（4）通过临床检查和功能检查所得出的结果如何。

（三）确定运动强度

在确定运动处方的运动强度时，需要综合考虑的因素主要有以下几个方面：

（1）受试者的年龄、性别状况，以及有怎么样的运动经历等。

（2）为什么要进行康复或健身。

（3）最终选择的运动内容有哪些。

（4）通过运动试验及体力测验所得出的结果如何。

（5）临床检查和功能检查所得出的结果如何。

（四）确定运动时间和频度

在确定运动处方的运动时间和运动频度时，需要考虑的因素主要有以下几个：

（1）受试者的年龄状况如何，有哪些运动经历等。

（2）最终确定的运动内容有哪些。

（3）最终确定的运动强度是怎样的。

（4）通过运动试验及体力测验所得出的结果如何。

（5）通过临床检查和功能检查所得出的结果是怎样的。

三、运动处方的实施

关于运动处方的实施，不仅在于训练课的科学安排，还要注意对运动过程中运动强度的监控和医务监督的实行。

（一）一次训练课的安排

运动处方的实施，通常都是通过训练课的形式来实现的。一次完整的训练课，通常会包含以下三个部分。

1. 准备活动部分

准备活动部分的主要任务是使身体各个系统功能逐渐适应运动，避免不必要损伤的发生。一般地，在实施运动处方时，最为理想的选择往往是运动强度小的有氧运动，以及伸展性体操、步行、慢跑、徒手操、太极拳等。持续时间以 10~15 分钟为宜。

2. 基本部分

运动处方的主要部分就是基本部分。该部分要按照实际需要来明确规定运动的内容、强度、时间等方面。

3. 整理活动部分

整理活动也是训练课不可或缺的重要部分,并且要对其内容和持续时间一起规定。整理活动能够使因突然停止运动而引起的心血管系统、呼吸系统、自主神经系统的症状得到有效避免。主要包括散步、放松体操、自我按摩等活动。持续时间通常为 5 分钟左右。

(二)锻炼中运动强度的监控

在运动处方的实施过程中,对运动强度的监控要加以关注。一般常采用的方法有自觉疲劳分级、靶心率等。

(三)运动中的医务监督

在运动处方的实施过程中,对治疗性运动处方的实施是离不开医务监督这一重要方面的。医务监督主要包括:体格检查、运动卫生、运动安全等几个方面。

第八章　青少年运动康复技术及运用

青少年参加运动训练需要坚持不懈地进行,短时间是很难取得显著训练效果的。但是,长期参加运动训练就容易发生一些运动损伤,致使身体健康和运动能力受到一定的伤害。因此,研究青少年的运动康复技术是尤为必要的。本章就重点研究常用的青少年运动康复技术。

第一节　青少年运动康复技术实施的形式与原则

一、青少年运动康复技术实施的形式

（一）被动活力

1. 概念

治疗师徒手或借助器械对患者进行的治疗活动,患者不做主动活动。某些情况下,亦可由患者健侧肢体对瘫痪和无力肢体加以协助,进行被动活动。

2. 适用情况

（1）预防软组织粘连和挛缩,恢复组织弹性。
（2）保持肌肉休息状态时的长度,预防短缩,牵拉缩短的肌肉。
（3）刺激肢体神经反射。
（4）施加本体感觉刺激,为主动运动做准备。

3. 适用范围

瘫痪或极弱的肢体肌肉,患者不能用自己的力量进行关节活动,只能依靠第三方帮助才能维持运动。

(二)主动辅助活动,简称助力活动

1. 概念

在治疗师帮助或借助器械的情况下,患者通过自己主动的肌肉收缩来完成的活动。通常是由治疗师托住患者肢体近端或用滑车重锤悬吊起肢体的远端,消除肢体本身重量和地心引力的影响,使患者进行主动的肢体活动。

2. 适用情况

增强肌力,改善身体功能。助力运动是由被动到主动运动之间的一种过渡形式,随着肌力的增加,逐渐减少助力的重量,过渡到主动活动。

3. 适用范围

患者肢体肌肉已经开始收缩,但不足以抵抗肢体自身重量或地心引力的吸引。

(三)主动活动

1. 概念

没有任何外力,患者靠自身肌力主动完成的活动,是运动疗法的主要活动方式。

2. 适用情况

增强肌力、肌肉耐力和肌肉之间协调性的训练。通过全身主动运动来改善心肺功能和全身状况。

3. 适用范围

患者肌力较弱,刚足以抵抗肢体自身重量或地心引力的吸引,但不足以抵抗任何额外的阻力。

(四)抗阻活动

1. 概念

在治疗师徒手或借助器械对人体施加阻力的情况下,患者主动地进行抗阻力的活动。

2. 适用情况

更快、更有效地增强肌力和肌肉耐力。

3. 适用范围

能够抵抗外界阻力的患者。

二、青少年运动康复技术实施的原则

（1）无痛运动。这是运动康复技术实施最为重要的原则。主动运动痛可以改为助力运动或被动运动，大负荷运动痛需要减小运动负荷，复杂运动痛可以改成简单动作，总的来说，就是实施运动疗法不能出现疼痛。

（2）目的明确，重点突出。重点突出、目的明确的运动疗法方案是实施运动康复技术的关键。

（3）因人而异。应针对不同患者的症状以及身体、精神状态特点，将因人而异的合理而有效的方案制定出来。

（4）循序渐进。循序渐进原则，主要是指运动强度由小渐大、运动时间由短渐长、动作内容由简渐繁，在康复过程中使患者逐步适应，并在不断适应的过程中得到提高。避免任何突然加大的运动量，使再次造成伤害的可能有所减小。

（5）整体观。在制定方案时，要防止干预位置过于集中，从而使疲劳的产生得到有效避免。因此不仅要重点突出，还要与全身运动相结合。

（6）持之以恒。有些患者需要按疗程进行长期的运动康复治疗，才能使治疗效果逐步累积，达到治疗目的。在治疗过程中不可随意间断，从而使治疗效果得到保障。

（7）密切观察患者状态。在实施运动疗法技术时要时时注意患者，观察是否有不良反应。

（8）定期评定。不同阶段，采用的运动疗法技术是不同的，对患者要定期评定，以观察有无改善。如果达到进阶标准，可以重新制定下一阶段方案。如果不能达到要求，要查明原因，及时进行相应调整。

（9）患者主动参与。采用新型医患互动模式。治疗前向患者讲解清楚治疗内容和目的,争取患者主动配合。

（10）注意安全。无论是在施行运动疗法技术时抑或是在训练场地中,都应注意患者的安全,避免发生再次损伤。

（11）康复师的要求。关爱患者,态度和蔼,声音清晰,语调坚信肯定。同时,还要对患者多用关心鼓励的语言,给予具体的帮助,切勿滥用批评、指责。除此之外,还要求康复师在工作中要做好各种记录,及时总结。

（12）场地的要求。光线充足、整洁,各种器械安放有序,用后归还原位,并随时检查维修。

第二节 关节松动术的操作及应用

一、关节松动术概述

（一）关节松动术的概念

通过徒手的被动运动,利用较大的振幅、低速度的手法,改善关节运动障碍的治疗方法,称为关节松动术。在应用时可选择关节的生理运动或附属运动作为治疗手段。

（二）关节松动术的分类

1. 摆动

骨的杠杆样运动叫摆动。关节的摆动包括屈曲、伸展、内收、外展、旋转,即通常所说的生理运动。摆动时要固定关节近端,关节远端做往返运动。摆动必须在关节活动范围达到正常的60%时才可应用。例如,肩关节前屈的摆动手法,至少要在肩前屈达到100°时才能应用。

2. 滚动

当一块骨在另一块骨表面发生滚动时,两块骨的表面形状必然不一致,接触点同时变化,所发生的运动为成角运动。不论关节表面凹凸程度如何,滚动的方向总是朝向成角骨运动的方向。关节功能正常时,滚动并不单独发生,一般都伴随着关节的滑动和旋转。

3. 滑动

当一块骨在另一块骨上滑动时,如为单纯滑动,两骨表面形状必须一致,或是平面,或是曲面。如果是曲面,两骨表面的凹凸程度必须相等。滑动时,一侧骨表面的同一个点接触对侧骨表面的不同点。滑动方向取决于运动骨关节面的凹凸形状。

凹凸法则:运动骨关节面凸出,滑动方向与成角骨运动方向相反;运动骨关节面凹陷,滑动方向与成角骨的运动方向相同。

滚动与滑动的关系:关节表面形状越接近,运动时,一块骨在另一块骨表面的滑动就越多,形状越不一致,滚动就越多。临床应用时,由于滑动可以缓解疼痛,合并牵拉可以松解关节囊,使关节放松,改善关节活动范围,因此使用较多。而滚动手法可以挤压关节,容易引起损伤,单独使用较少。

4. 旋转

移动骨在静止骨表面绕旋转轴转动。旋转时,移动骨表面的同一点作圆周运动。旋转常与滑动和滚动同时发生,很少单独作用。

不同关节,旋转轴的位置不同。例如,盂肱关节的旋转轴经肱骨头中心并垂直于关节盂。而生理运动的旋转是肱骨围绕自身长轴转动。髋关节的旋转是股骨头绕着经过股骨头中心,并垂直于髋臼的旋转轴转动。前臂联合关节的旋转与生理运动中的旋转相同,都是桡骨围绕尺骨转动。

5. 牵引

当外力作用使构成关节两骨表面呈直角相互分开时,称分离或关节内牵引;当外力作用于骨长轴使关节远端移位时,称牵拉或长轴牵引。分离和牵拉的区别是:分离时外力要与关节面垂直,同时两骨关节面必须分开;牵拉时外力必须与骨的长轴平行,关节面可以不分开。例如,盂肱关节牵拉时,外力与肱骨长轴平行,关节面发生滑动;而盂肱关节分离时,外力与关节盂垂直,关节面相互分开。

6. 挤压

挤压使关节腔内骨与骨之间的间隙变小。肌肉收缩产生一定压力,可以提高关节的稳定性。但是,在向其他骨方向转动时,会对骨的角运动方向引起压迫。当压迫力异常增高时,会产生关节软骨的变性和损伤。因此,挤压技术较少应用。

二、关节松动术的应用

(一)肩关节

1. 盂肱关节

(1)向后滑动:患者仰卧位,上肢放于体侧,下方垫枕头以使肩关节位于中立位。治疗师站在治疗同侧肩旁,双手拇指固定在肱骨头正前方(近肱骨大结节处)为着力点,其余手指包绕在肩周,两手拇指并拢着力,双肘伸直,躯干重心前后稍移动以传递力至拇指,作用力指向地面,平行于肩关节盂平面,推动肱骨头向后滑动。也可用掌根作为着力点,注意着力点应避让开肱骨结节间沟。盂肱关节向后滑动能改善肩关节的前屈和内旋的关节活动。

(2)向前滑动:患者仰卧位,肩关节靠近床缘,上肢休息位。治疗师站在治疗同侧肩旁,双手拇指固定在肱骨头后方为着力点,其余手指包绕在肩周,治疗师保持肩外展、肘屈曲,利用肩内收肘下压发力,带动拇指向上移动。作用力指向天花板,平行于肩关节盂平面,推动肱骨头向前滑动。由于仰卧位时肩关节后方肌肉影响着力,因此操作前注意先拨开肌肉,尽量避让开肌腹,固定着力点再发力。也可选择俯卧位操作,注意在肩前部支撑固定保证肩关节中立位。盂肱关节向前滑动的关节松动术能改善肩关节的后伸和外旋的活动。

(3)长轴牵引:患者仰卧,上肢休息位,肘关节屈曲。治疗师站在治疗同侧肩旁,远端手握住患者腕关节,近端手握住患者肘关节远端。作用力沿着肱骨长轴方向,平行于肩关节盂平面,推动肱骨头向远端滑动。也可以双手夹持上臂近端,沿肱骨长轴方向向远端滑动。盂肱关节长轴牵引能改善肩关节外展。

(4)分离:患者仰卧,上肢休息位。治疗师站在治疗同侧肩旁,近端手从腋下握住患者上臂近端内侧,远端手固定在患者肘关节外侧。作用力垂直于肩关节盂平面向外,推动肱骨头向外分离。分离的作用是增加盂肱关节间隙。

2. 肩胛胸壁关节

患者侧卧位,屈膝屈髋保持躯干稳定,治疗侧在上,上肢放松置于身体前方。治疗师面对患者站立,一手固定在肩胛冈上,另一手从患者腋下绕过,以虎口固定住肩胛下角。两手一起用力松动肩胛骨,分别完成向头端、足端、内侧、外侧以及旋转、分离等各方向的全范围活动,体会活动范围和运动终末感。注意患者应充分放松,保持治疗侧肩关节屈曲。促进肩胛骨活动,有利于肩关节活动范围的改善。

(二)肘关节

1. 肱尺关节

(1)向远端滑动:患者俯卧位,肩外展 90°,肘关节屈曲自然下垂于床沿边,治疗师近端手置于患者肘前下方起支撑受力作用,远端手掌置于患者尺骨鹰嘴后方,手掌根部着力,向正下方推动尺骨向远端滑动。肱尺关节向远端滑动的关节松动术能改善肘关节屈曲的活动。

(2)尺骨牵引:患者仰卧位,治疗师面对患者站立,一手以大鱼际压住肱骨外上以固定肱骨,另一手抓握患者尺骨近端,两手用力方向相反,沿长轴方向拉动尺骨向远端活动。在肘关节屈曲终末位牵引可以改善肘关节屈曲,在肘关节伸展终末位牵引可以改善肘关节伸展。

2. 近端桡尺关节

(1)桡骨牵引:患者仰卧,上肢稍外展,治疗师面对患者站在其肩外展角之间,近端手握持肘关节内侧以固定肱骨和尺骨,远端手抓握患者桡骨远端,沿长轴方向拉动桡骨向远端活动。

(2)桡骨向后滑动:患者仰卧位,上肢置于体侧,肘关节伸直,治疗师面对患者站立,近端手置于患者肘内下方起支撑固定作用,远端手掌置于患者桡骨小头前方,手掌根部着力,向正下方推动桡骨向后方滑动。近端桡尺关节向后滑动的关节松动术能改善前臂旋前的活动。

(3)桡骨向前滑动:患者俯卧位,上肢置于体侧,肘关节伸直,治疗师面对患者站立,近端手置于患者肘内下方起支撑固定作用,远端手掌置于患者桡骨小头后方,手掌根部着力,向正下方推动桡骨向前方滑动。近端桡尺关节向前滑动的关节松动术能改善前臂旋后的活动。

（三）腕关节

1. 远端桡尺关节

（1）尺骨向前滑动：患者坐位，上肢置于体侧，肘关节屈曲，治疗师面对患者，一手抓握固定患者桡骨和外侧腕骨，另一手拇指和食指夹持患者尺骨茎突，用力向掌侧方向推动尺骨向前方滑动。远端桡尺关节向前滑动的关节松动术能改善前臂旋后的活动。

（2）尺骨向后滑动：患者坐位，上肢休息位，操作者面对患者，一手抓握固定患者桡骨和外侧腕骨，另一手大鱼际接触尺骨远端，用力向背侧方向推动尺骨向后方滑动。远端桡尺关节向后滑动的关节松动术能改善前臂旋前的活动。

2. 桡腕关节

（1）向桡侧滑动：患者坐位或仰卧位，上肢放松置于台面上，前臂中立位，治疗师一手握住桡骨远端固定，另一手握住腕骨，着力点在近排腕骨尺侧，一手固定桡骨，另一手用力向上将腕骨向桡侧滑动。桡腕关节向桡侧滑动可改善尺偏的活动。

（2）向尺侧滑动：体位同上，着力点在腕骨桡侧，用力向下使腕骨向尺侧滑动。桡腕关节向尺侧滑动可改善桡偏的活动度。

（3）向背侧滑动：体位同上，前臂旋后位，着力点在腕骨掌侧，向手背方向滑动。桡腕关节向背侧滑动可改善屈腕的活动。

（4）向掌侧滑动：体位同上，前臂旋前位，着力点在腕骨（手舟骨和月骨）背侧，向手掌方向滑动。桡腕关节向掌侧滑动可改善伸腕的活动。

（四）髋关节

1. 向前滑动

患者侧卧位，治疗侧在上，屈髋屈膝，两腿间放一个枕头使髋关节位于中立位放松。治疗师站在患者后方，以两手拇指抵住患者股骨大转子后方，躯干重心前后移动将力传递至拇指着力点，注意滑动方向垂直于股骨长轴方向，推动股骨大转子向前方滑动。也可以选择患者俯卧在治疗床边，单腿支撑在地面，以治疗带环绕固定在股骨远端及治疗师肩部，保持股骨中立位，治疗师远端手握住患者小腿远端，近端手以掌根着力于股骨后方,推动股骨向前滑动。股骨向前滑动的关节松动术可改善髋关节伸展和外旋的活动。

2. 向后滑动

患者侧卧位,治疗侧在上,屈髋屈膝,两腿间放一个枕头使髋关节位于中立位放松。治疗师站在患者前方,以两手拇指抵住患者股骨大转子前方,躯干重心前后移动将力传递至拇指着力点,注意滑动方向垂直于股骨长轴方向,推动股骨大转子向后方滑动。也可以选择患者仰卧在治疗床边,双手扶抱对侧下肢保持屈髋屈膝以固定骨盆,以治疗带固定在治疗侧股骨远端及治疗师肩部保持股骨中立位,治疗师远端手扶握住腘窝,近端手以掌根着力于股骨前方,推动股骨向后滑动。股骨向后滑动的关节松动术可改善髋关节屈曲和内旋的活动。

3. 长轴牵引

患者体位同上,操作者站于患者后方,双手握住患者膝关节上方,注意利用躯干体重,沿股骨长轴方向用力,推动股骨向远端滑动,即长轴牵引。也可以患者仰卧位,治疗师站在床尾,用治疗带环绕固定在治疗师躯干和患者足踝部之间,治疗师双手握住下肢远端,借助自身体重完成股骨的长轴牵引。

(五)膝关节

1. 胫股关节松动术

(1)向前滑动:患者仰卧位,屈髋,屈膝90°,足掌在治疗床上,治疗师面对患者,双手扶握在患者膝关节周围,大腿固定足踝部,双手拇指位于胫骨平台前,触及胫股关节缘,利用躯干后伸发力带动患者胫骨向前滑动,注意体会胫骨平台在外力作用下向前滑动。胫股关节向前滑动的关节松动术可以改善膝关节伸展活动。

(2)向后滑动:体位同上,发力方向相反,治疗师的手大鱼际部在胫骨平台前下方为着力点,胫股关节向后滑动的关节松动术可以改善膝关节屈曲活动。

(3)伸展或内收:患者仰卧位,髋关节外旋,膝关节伸直。治疗师一手压住患者胫骨结节内侧,另一手托住足跟外侧,两手相向用力,各50%力度,保持肘关节伸直,治疗师利用躯干侧屈带动,使患者胫股关节向伸展位内收方向松动。

（4）伸展或外展：患者仰卧位，髋关节内旋，膝关节伸直。治疗师一手压住患者胫骨结节外侧，另一手托住足跟外侧，两手相向用力，各50%力度，保持肘关节伸直，治疗师利用躯干侧屈加旋转合力方向带动，使患者胫股关节向伸展位外展方向松动。

2. 髌骨关节松动术

患者仰卧位，膝关节伸直放松，可在膝下垫一个小枕头保证充分放松。治疗师双手拇指和食指捏住髌骨边缘为着力点，其余手指轻放在膝关节周围，分别推动髌骨向远端、近端、内侧或外侧进行滑动。也可用掌根用力推动髌骨滑动，注意不要下压髌骨。髌骨向远端滑动改善屈膝动作，向近端滑动改善伸膝动作。

（六）踝关节

1. 距上关节松动术

（1）向前滑动：患者俯卧位，足置于床沿边，治疗师站于治疗同侧，一手握住胫腓骨远端起支撑固定作用，另一手在内踝水平线下握住足踝部，向地面方向垂直用力，推动距骨向前滑动，距骨向前滑动可改善踝关节跖屈。注意操作过程中保持患者足踝中立位。

（2）向后滑动：患者仰卧位，足置于床沿边，治疗师站于治疗同侧，一手握住胫腓骨远端起支撑固定作用，另一手在内踝水平线下握住足踝部，向地面方向垂直用力，推动距骨向后滑动，距骨向后滑动可改善踝关节背屈。注意操作过程中保持患者足踝中立位。

2. 距下关节松动术

（1）向前滑动：患者俯卧位，足置于床沿边，治疗师站于治疗同侧，一手握住距骨前方起支撑固定作用，另一手握住跟骨后方并向地面方向垂直用力，推动跟骨向前滑动。注意操作过程中保持患者足踝中立位。

（2）向后滑动：患者仰卧位，足置于床沿边，治疗师站于治疗同侧，一手握住距骨后方起支撑固定作用，另一手在握住患者跟骨前侧方并向地面方向垂直用力，推动跟骨向后滑动。注意操作过程中保持患者足踝中立位。

（3）向内侧滑动：患者侧卧位，治疗师一只手固定患者距骨，另一手握住跟骨,向足踝内侧方向用力、推动跟骨向内侧滑动,跟骨向内侧滑动可改善足外翻活动。

(4)向外侧滑动:患者侧卧位,治疗师一只手固定患者距骨,另一手握住跟骨,向足踝外侧方向用力、推动跟骨向外侧滑动,跟骨向外侧滑动可改善足内翻活动。

3. 踝关节松动

患者俯卧位,膝关节屈曲 90°,大腿固定保持在治疗床面上,治疗师站于治疗同侧,双手托握患者踝关节共同发力,促进踝关节向背屈或跖屈方向活动,可分级施行松动手法。

第三节　肌肉力量康复技术及应用

一、肌肉力量康复训练概述

(一)肌力康复训练

肌力康复训练,指的是在康复过程中,通过主动运动或被动运动的方式,采用不同的肌肉收缩形式恢复或增强患者肌肉力量的训练。

1. 运动的主要方式

从人体运动的力量来源可以将人体的运动分为被动运动和主动运动两种。其中,主动运动是人体通过主动收缩肌肉来完成的运动。根据其主动用力的程度,可将其分为辅助主动运动、主动运动与抗阻运动等。被动运动则是人体运动完全通过外力作用来进行。

2. 肌肉收缩的形式

根据肌肉收缩时肌长度和肌张力的变化,可将肌肉收缩分为三种形式。一种是等长收缩,即虽有肌肉收缩,肌张力明显增加,但肌肉长度基本无变化,不产生关节运动,是仅在静止状态下产生的肌肉收缩。一种是等张收缩,即肌肉收缩过程中,肌张力基本不变,但肌肉长度发生变化,从而引起关节的运动。根据肌肉起止部位的活动方向,可分为向心性收缩和离心性收缩两类。还有一种是等速收缩,又称等动收缩,是指

第八章 青少年运动康复技术及运用

在全关节运动范围内,肌肉收缩的速度保持恒定不变的运动方式。

需要强调的是,肌力康复训练中,应根据不同的康复治疗目的和患者的肌力情况,选用不同的肌肉收缩形式来进行练习。比如,等长收缩常用于骨关节损伤、骨关节病的早期康复治疗,如石膏固定期、关节炎症疼痛期,用以维持或恢复肌力。等张收缩适用范围较广,可在全关节活动范围内进行。等速运动肌力训练则是高效锻炼肌力的方法,要求3级以上的肌力条件适宜进行。

3. 常用锻炼形式的类型划分

常用锻炼形式的类型有两种:一种是开链运动(OKC),即肢体近端固定而远端关节活动的运动,如步行时的摆动相,其主要特点是可单关节完成运动。另一种是闭链运动(CKC),即肢体远端(手掌或脚掌)固定而近端活动的运动,如步行时的支撑相,其主要特点是需多关节协同运动。

(二)常用肌力康复训练的分类

1. 辅助主动运动

在外力的辅助下通过患者主动收缩肌肉来完成的运动或动作,就是所谓的辅助主动运动。适用于肌力较弱尚不能独自主动完成运动的肌肉。辅助主动运动的类型主要有徒手辅助主动运动、悬吊辅助主动运动、滑面上辅助主动运动、滑车重锤的辅助运动、浮力辅助主动运动这几种。

2. 主动运动

主动运动指患者主动以肌肉收缩形式完成的运动。运动时既不需要助力,亦不用克服外加阻力。其对于肌力达3级以上的患者较为适用。需要注意的是,训练中患者应取正确的体位和姿势,将肢体置于抗重力位,防止代偿运动。

3. 抗阻力主动运动

在肌肉收缩过程中,需克服外来阻力才能完成的运动,就是所谓的抗阻力主动运动。其常见方法主要有:徒手抗阻力主动运动、重物抗阻力主动运动、重锤与滑车抗阻力主动运动、弹簧抗阻力主动运动、摩擦阻力抗阻力主动运动、水中抗阻力主动运动等。

4. 等长收缩运动

等长收缩运动是指肌肉收缩时,无肌肉缩短或关节运动。适用于肌力 2～5 级的患者,尤其适用于石膏固定的肢体。这是一种静力性练习,也是增强肌力的一种有效方法。

二、肌力康复训练的操作方法

(一)开链运动

开链运动是指肢体远端不固定且不承受身体重量所进行的运动,原动肌和协同肌兴奋,但拮抗肌不同时收缩。

1. 肩关节侧卧外旋

主要锻炼冈下肌和小圆肌。要求侧卧,腋窝下放一个卷起的毛巾或枕头,肘关节屈 90° 置于腹侧。慢慢地外旋肩关节,直到前臂与地面垂直位。慢慢地回到起始位,重复数次。

2. 肩关节俯卧位水平外展

主要锻炼三角肌后束,菱形肌。要求练习者俯卧于训练床上,手臂下垂(肩关节屈曲 90°),手臂外旋。保持肘关节伸直和拇指向外,抬起手臂向外展,直到比平行地面稍高的位置,然后缓慢地回到起始位置。

3. 侧卧臀中肌练习

主要锻炼臀中肌。要求练习者侧卧,用泡沫轴放于膝盖之间,屈膝大约 45°,躯干保持伸直,腰不要弯曲。然后缓慢外展至最大范围,最后缓慢把腿放下,回到起始位置。也可撤去泡沫轴,完成同样的练习。

4. 膝关节伸展练习

主要锻炼股四头肌。要求坐位,膝弯曲,然后直腿做伸膝动作,直至最大范围,然后缓慢放回。可双腿或单腿进行,阻力可逐渐增加。髌骨出现疼痛则不宜进行该项练习。

5. 踝关节弹力带跖屈练习

主要锻炼腓肠肌、比目鱼肌。要求坐于垫上,弹力带系于前脚掌,膝关节伸直,踝关节对抗弹力带阻力跖屈。

6. 踝关节弹力带背屈练习

主要锻炼胫骨前肌、腓肠伸肌、趾长伸肌。要求于垫上,弹力带系于脚前掌,膝关节伸直,踝关节对抗弹力带阻力背屈。练习难度应逐渐增加。

7. 胫骨后肌群练习

主要锻炼踝关节胫骨后肌群、内旋肌群、腓肠肌、比目鱼肌。要求坐位,弹力带绕过前脚,把练习腿放在上面,用力做足跖屈和内翻动作。

(二)闭链运动

闭链运动是指肢体远端固定并承受身体重量所进行的运动,原动肌、协同肌和拮抗肌同时兴奋。

1. 股四头肌静蹲

主要锻炼股四头肌、臀大肌。要求双脚开立,与肩同宽。缓慢屈髋屈膝下蹲臀部向后坐,至大腿与地面平行。双腿下蹲时,躯干尽量保持直立,腰部收紧。膝关节屈曲至大腿平行时,保持一段时间。

2. 单腿台阶上下蹲

主要锻炼下肢肌群。要求练习者躯干尽量挺直,保持稳定不要偏移。单腿站立于台阶上。支撑腿下蹲,健腿抬起,手臂外展保持平衡或前平举。

3. 膝支撑腘绳肌离心练习

主要锻炼腘绳肌、腰背肌。要求练习者跪坐于垫上,同伴压住其小腿。双手抱胸,动作从垂直位开始,缓慢移动躯干至俯卧位。

4. 单腿平衡囊蹲

主要锻炼下肢肌群。要求单腿立于平衡囊上,支撑腿稍弯曲,保持平衡。

5. 提踵

主要锻炼腓肠肌、比目鱼肌。要求双脚开立,与肩同宽,重心平均分布。踮脚尖站立并尽量向上,再缓慢放低,重复上述动作。

(三)脊柱康复训练

1. 四点支撑腰部运动

锻炼的肌肉主要有：腹直肌、腹横肌、竖脊肌、腰方肌。练习者四点支撑,手掌与膝关节的受力要均匀,腰椎保持自然伸展,腰腹部向下运动,然后向上顶起。

2. 侧桥

主要对肩关节周围肌群、竖脊肌、阔筋膜张肌、臀中肌这些肌肉进行锻炼。要求练习者开始时用前臂和脚做侧面支撑,让身体离开地面,保持此姿势,直到力竭。

3. 动态躯干伸展 I

主要对肩胛收缩肌、肩胛骨和脊柱伸肌这些肌肉进行锻炼。要求练习者起始为俯卧姿势,手臂在两侧。做躯干后伸动作,同时双侧肩胛回缩。

4. 动态躯干伸展 II

主要对竖脊肌、三角肌、菱形肌进行锻炼。要求练习者呈俯卧位,双侧上肢伸直,拇指向上,做脊柱向后伸展练习,同时肩胛骨做回缩运动。

5. 动态躯干伸展 III

主要对竖脊肌、臀大肌、腘绳肌这些肌肉进行锻炼。要求练习者取俯卧位,双手置于耳侧,同时将躯干与下肢抬离床面。

6. 仰卧双足支撑顶髋

主要锻炼竖脊肌、臀大肌、腘绳肌。要求练习者呈仰卧位,双足放于瑞士球上,然后顶髋使躯干、下肢呈一条直线,保持一段时间。

7. 仰卧单足支撑顶髋

主要锻炼竖脊肌、臀大肌、腹外斜肌、腘绳肌。要求练习者呈仰卧位,单足放于瑞士球上,然后顶髋将身体撑起,另一条腿自然伸直,向头部抬起 30°左右。

8. 仰卧卷曲

主要对腹直肌上部、腹内斜肌、腹外斜肌这些肌肉进行锻炼。要求练习者呈仰卧位,双手抱于胸前,膝关节屈曲成 90°,双足着地,躯干向上卷起。

9. 仰卧伸腿对角线下落

主要对臀中肌、阔筋膜张肌、髂腰肌、腹直肌下部进行锻炼。要求练习者呈仰卧位,双腿伸直抬起,双手放于体侧,双腿在空中做画弧的动作。

10. 平衡垫深蹲

主要对股四头肌、竖脊肌、臀大肌这些肌肉进行锻炼。要求练习者站于平衡垫上,屈膝下蹲,双上肢前平举,要注意的是,屈膝、屈髋要同步进行。

三、肌力训练的临床应用

(一)等张训练

1. 基本抗阻方法

(1)举哑铃、沙袋等。

(2)运用滑轮及绳索等工具将重物提起。

(3)将弹簧、橡皮条等弹性物拉伸到一定长度。

(4)运用专门的训练器械,通过摩擦或磁电效应等原理提供可调节的阻力。

(5)借助自身体重的负荷强度,来进行负自重的俯卧撑、下蹲起立、仰卧起坐等练习。

2. 渐进抗阻练习法

首先,要将训练肌群连续 10 次等张收缩所能承受的最大负荷量测量出来,也就是所谓的 10RM。取 10RM 为制定运动强度的参考量,每天的训练分 3 组进行,具体来说,就是第一组运动强度取最大负荷的 50%,重复 10 次;第二组运动强度取最大负荷的 75%,重复 10 次;第三组运动强度取最大负荷的 100%,重复 10 次。每组间休息时间为 1 分钟。1 周后复试 10RM 量,如果肌力有所进步,那么就可以按照新的 10RM 量进行下一周训练。

（二）等长练习

1. 基本方法

使肌肉对抗阻力进行无关节运动仅维持其固定姿势收缩的训练,尽管这种训练方法不能使肌肉缩短,但是其能够起到增加内部张力的作用。

2. "tens"法则

训练中,每次等长收缩持续10秒,休息10秒,重复10次为一组训练,每次训练做10组训练。

3. 多点等长训练

在整个关节活动范围内,每隔20～30分钟做一组等长练习。

4. 短促最大练习

抗阻力等张收缩后维持最大等长收缩5～10秒,然后放松,重复5次,每次增加负荷0.5千克。

（三）等速练习

等速练习,实际上是一种保持恒定运动速度的肌力抗阻训练方法。这一练习主要是通过专用仪器(如等速运动仪)预先设定和控制运动速度而实现的,通过这一方法,能够使肌肉自始至终在适宜的速度下进行训练。对于大肌群肌力来说,其最佳的训练方式就是利用等速运动设备进行抗阻训练。通过等速训练,能够有效提高肌力、治疗和预防肌肉萎缩及保持关节的稳定性,同时,其还具有改善和扩大关节活动度的治疗作用。

（四）各部位常用力量训练动作

1. 上肢及肩背部肌群

（1）初级水平

上肢前平举(哑铃,三角肌前束、胸大肌):站立位,上臂下垂,两手握哑铃,掌心向后,两臂前平举至水平位,缓慢放至体侧(肌肉不能放松),即刻开始下一次练习。该方法主要锻炼三角肌前束。

上肢侧平举(哑铃,三角肌中束):站立位,上臂下垂,两手握哑铃,掌心向内。两臂侧平举至水平位,缓慢放至体侧(肌肉不能放松),即刻开始下一次练习。该方法主要锻炼三角肌中束。

推墙俯卧撑(胸大肌、肱三头肌等):站立位,距墙壁一定距离,双手撑墙做俯卧撑,锻炼过程中一定要站稳,注意呼吸的配合。

(2)中级水平

哑铃前平举(平衡球、哑铃,三角肌、冈上肌、斜方肌、前锯肌):躯干挺直坐在平衡球上,两脚自然分开与肩同宽,双手持哑铃做前平举,缓慢放下还原。

双侧哑铃上举(平衡球、哑铃,三角肌、冈上肌、斜方肌):坐在平衡球上,双手持哑铃做侧上举,缓慢放下,还原。

宽臂俯卧撑(胸大肌、肱三头肌):双手支撑,两手间距离比肩宽,做俯卧撑。

哑铃颈后上举(哑铃,肱三头肌):站立位,上身保持直立,双手握哑铃放于颈后,然后伸直肘关节,静止保持一会儿后缓慢还原。

侧卧单臂斜向上牵拉(弹力带、三角肌后束、肱三头肌、背阔肌):右手支撑侧坐在垫子上,两手分别握住弹力带两端,右手支撑身体成侧桥,上体保持正直,缓慢地斜向上外展左臂牵拉弹力带,直到手臂完全展开,静止后缓慢还原到初始姿势。

球上俯卧撑(平衡球,胸大肌、肱三头肌):上体俯卧在平衡球上,双臂支撑于地面,向前爬行,小腿和双脚支撑在平衡球上,保持身体成一条直线。屈肘俯卧,使脸尽量贴近地面,伸肘,还原。

2. 臀部及下肢肌群

(1)初级水平

① 静力性练习

静蹲(股四头肌、臀肌、腰背肌):双脚分立与肩同宽,脚尖指向膝关节正前方,上身正直靠于墙面,重心在足跟,膝关节尽量不要超过脚尖,屈膝角度不要大于90°,保持此姿势至力竭,休息10秒钟再次练习。

臀桥(下背肌、臀肌等):仰卧位,屈髋屈膝,双手置于体侧或胸前,臀部收紧,用力将骨盆抬离地面,使骨盆、膝关节以及胸部处同一平面,保持此姿势至力竭,还原。

俯卧位伸髋(臀肌、腘绳肌):俯卧位,下肢尽量向上抬起至最大,保持此姿势至力竭,双腿交替练习。

侧卧位抬腿(臀中肌):侧卧位,髋关节稍微后伸并伴有内旋,然后尽量向上抬起下肢,保持此姿势至力竭,还原。

提踵(小腿三头肌):站立位,双脚尽量将足跟抬高,保持此姿势至力竭,还原。可以单双脚交替进行。

屈膝提踵(比目鱼肌):站立位,膝关节微屈,双脚尽量将足跟抬高,膝关节保持微屈状态,保持此姿势至力竭,还原。

② 动力性练习

深蹲(股四头肌、臀肌、腰背肌):双脚分立与肩同宽,脚尖指向膝关节正前方,上身正直靠于墙面,重心在足跟,膝关节尽量不要超过脚尖,屈膝角度不要大于90°,做蹲起动作。

蚌式外展(臀中肌):侧卧位,双腿屈髋,屈膝90°,上方腿髋关节做外展动作,上方的踝关节不能抬离下面的踝关节,尽量外展至最大范围,缓慢下放还原。

侧卧位大腿外展练习(臀中肌):侧卧位,髋关节稍微后伸并伴有内旋,然后尽量向上抬起下肢,缓慢下放,还原。

提踵(小腿三头肌):站立位,双脚尽量将足跟抬高,达最高位置后不停留,缓慢下放还原。可以单双脚交替进行。

屈膝提踵(比目鱼肌):站立位,膝关节微屈,双脚尽量将足跟抬高,膝关节保持微屈状态,达最高位置后不停留,缓慢下放,还原。

俯卧位弹力带屈膝练习(弹力带,腘绳肌):弹力带做环,俯卧位,弹力环一端固定,另一端套于踝关节处,膝关节伸直,将弹力带伸长至有一定张力,屈膝,将弹力带拉长,缓慢放下。

站立位弹力带内收下肢(弹力带,内收肌):站立位,弹力带做环固定于左脚脚踝处,另一端固定,弹力带绷紧,右脚单腿支撑,左脚向右脚方向内收,下肢保持伸直,缓慢放回还原。

弹力带踝背屈练习(弹力带,胫骨前肌):坐位,双手体后支撑,一腿屈膝,一腿将环形弹力带放于足背处,踝关节用力背屈,缓慢还原,反复进行。

外展单腿下蹲(平衡球,股四头肌、缝匠肌、阔筋膜张肌):单腿支撑,站立于平衡球侧方约一步距离,另一腿伸直,脚踝内侧置于平衡球顶部,双手叉腰,面向前方。支撑腿缓慢弯曲下蹲,至最大角度的支撑腿缓慢蹬伸还原。

仰卧屈膝举腿(平衡球,股四头肌、髂腰肌、臀中肌、臀小肌):仰卧,

第八章 青少年运动康复技术及运用

双臂置于身体两侧,两小腿夹住平衡球。屈膝抬腿,大腿与地面垂直,静止一会儿后,双腿缓慢放下。

（2）中级水平

单腿侧桥（臀中肌、内收肌）：侧卧位,上面腿的足内侧撑地下方腿悬空做侧桥,可以通过下方腿支撑等方式改变负荷强度大小。

哑铃负重蹲起（哑铃,股四头肌、臀肌）：双手持哑铃放于体侧,缓慢下蹲至90°然后蹬伸起身。

双手持哑铃弓步蹲起（哑铃,股四头肌、臀大肌）：双手持哑铃放于体侧,双脚前后分开站立,做弓步蹲起,其身体重心靠近前脚。

原地蹲拉（弹力带,臀大肌、股四头肌）：两手分别握住弹力带的一端,足弓部位站立在弹力带中段,保证两端一样长。两臂向上抬起,两手稍高于肩,掌心向前,弹力带在手臂后侧经过。站立位时,保持身体直立,脚尖稍向外展,屈膝半蹲至大腿平行地面,保持弹力带绷紧。缓慢伸直腿和臀部,整个过程中手臂都要固定在身体两侧。

单腿站立屈膝后摆牵拉（弹力带,臀大肌、臀中肌）：单腿站立,两手叉腰,保持身体正直,右腿膝关节屈向身后,弹力带绕过右膝,两端固定,两端等长,保持弹力带绷紧。缓慢地后摆大腿,静止一段时间,缓慢地前摆还原。

站立位外展牵拉（弹力带,臀中肌）：两脚自然分开站立,踩住弹力带并沿足弓绕过身体前侧,保持身体正直,弹力带保持绷紧。右脚固定,缓慢地伸直左腿外展,静止一段时间后,缓慢地内收还原。

背部贴球双腿下蹲（平衡球,股四头肌、缝匠肌、臀大肌）：双脚分开与肩同宽,腰背部贴平衡球靠墙站立,双臂前伸,屈膝缓慢下蹲,静止后缓慢直立还原,锻炼过程中保持腰背部的紧张。

侧向斜倚球双腿蹲起（平衡球,臀大肌、股四头肌、腓肠肌、比目鱼肌）：侧向斜倚平衡球靠墙站立,缓慢屈膝下蹲,然后缓慢伸膝还原。

仰卧双腿支撑提臀（背肌、臀大肌、腘绳肌）：仰卧位,双脚支撑于平衡球,臀部抬离地面,双腿蹬伸,身体挺直,屈膝,缓慢还原。

（3）高级水平

弓步蹲起（弹力带,臀大肌、股四头肌）：两手分握弹力带两端,两腿前后分开,间距3～4个足长,前脚踩在弹力带中点。手臂上抬稍高于肩,掌心向前,弹力带从下经手臂向上,保持弹力带绷紧。屈膝弓步蹲,直到后腿的膝关节触地。缓慢地直膝牵拉弹力带,整个动作过程中背部要平,头要正。静止片刻,然后缓慢屈膝弓步蹲还原到初始位置。

侧向斜倚球单腿蹲起(平衡球,臀大肌、股四头肌、腓肠肌、比目鱼肌):侧对墙站立,在身体与墙之间与肘同高处放置一平衡球,身体倾斜倚靠在平衡球上。内侧下肢抬起,同侧手臂抬起成水平,对侧手叉腰,平视前方,缓慢屈膝,身体下降。当球从肘移动到肩部时,支撑腿蹬伸,还原。

后伸腿支撑下蹲(平衡球,臀大肌、股四头肌、缝匠肌、阔筋膜张肌、腘绳肌):单腿支撑站立于靠近平衡球的侧前方,另一条腿屈膝,脚尖放在平衡球的顶部,双手叉腰,目视前方。支撑腿屈膝,另一腿后蹬,腿沿平衡球顶部向后伸直,静止3~5秒。支撑腿缓慢蹬伸,另一腿收回还原。

外展内收单腿下蹲(平衡球,股四头肌、缝匠肌、阔筋膜张肌、内收肌):双手叉腰,面向前方平视,单腿站立于平衡球侧方约一步距离,对侧腿屈膝,前脚掌置于平衡球顶部。支撑腿屈膝下蹲,同时另一侧腿沿平衡球顶部外展蹬直,静止3~5秒。支撑腿蹬伸,另侧腿内收还原。

仰卧单腿支撑提臀(平衡球,臀大肌、腘绳肌):仰卧,双臂放于身体两侧,撑地。单腿屈膝,一脚支撑在平衡球侧上方,对侧腿伸直,脚抬离平衡球,臀部抬离地。支撑腿蹬伸,对侧腿保持抬离。身体成直线,静止2~4秒,还原。

单腿硬拉(腘绳肌、臀大肌):单腿微屈站立,上体前屈,另一条腿伴随后伸抬高,然后直立身体。

3. 躯干肌群练习

(1)初级水平

① 静力性练习

坐位上身后仰(腹直肌上部及髂腰肌):坐位,屈髋屈膝,两臂交叉抱在胸前或抱头,双脚固定,然后上体后仰,至腹肌感到吃力时,停留,还原。

船形练习(竖脊肌):俯卧位,下肢固定,上体抬起,保持至力竭,还原;上体固定,抬起下肢,保持至力竭,还原;或者肌力较好的受试者可以上体与下肢同时抬起,保持至力竭,还原。

腹桥(核心肌群整体):双肘及脚尖支撑,注意腰部不能塌下,使整个后背与下肢成一条直线。保持该姿势至力竭。

② 动力性练习

卷腹(腹直肌上部及髂腰肌):屈膝屈髋仰卧,双手抱胸或放于耳旁,腹部发力,将上背部抬离地面,缓慢下放还原。

仰卧蹬车(腹直肌下部):屈髋仰卧,将下肢抬离地面,屈膝做蹬车动作,注意腰部不要翘起。

两头起(竖脊肌):俯卧位,背部肌肉发力,将上体及下肢抬离地面,注意下肢保持伸直状态。缓慢下放还原。

仰卧举腿(腹直肌下部及髂腰肌):仰卧位,双手放于体侧,脚尖勾起后将双腿抬离地面至60°左右,静止一会儿后缓慢下放还原。

（2）中级水平

双臂伸直两头起(竖脊肌及上背部肌肉):仰卧位,双臂伸直颈耳侧过头顶,拇指向上,然后背部肌肉发力做两头起,静止一会儿后缓慢下放。

屈体下拉(弹力带,腹肌、竖脊肌):双腿自然分开,上体直立,弹力带一端固定于一高处,双手握弹力带另一端,缓慢地朝前下方屈体,两臂保持伸直,随身体向下牵拉弹力带,保持一会儿后缓慢伸直。

仰卧起坐牵拉弹力带(弹力带,腹直肌、腹内外斜肌):将弹力带固定于较低位置,仰卧,双膝微屈,双手握紧弹力带,前臂伸直,肘关节微屈,保持弹力带紧绷,缓慢地做仰卧起坐,同时将弹力带拉向膝关节,腹部肌肉紧绷,然后缓慢下放还原。

站立位侧屈牵拉弹力带(弹力带,腹直肌、腹内外斜肌、竖脊肌、腰大肌、腰小肌):将弹力带固定于较高位置,两脚自然分开,稍屈膝站立,两臂伸直过头顶,两手握紧弹力带,将弹力带绷紧后,两腿伸直,缓慢地侧屈身体,静止一段时间后,缓慢地还原到初始姿势。

四点支撑练习(平衡球,腹直肌、腹横肌、多裂肌):双腿撑球,成俯卧撑姿势,屈膝,小腿折叠,双手缓慢向后爬行,双手和膝盖支撑在平衡球上。可以通过屈膝的角度改变练习难度。

臀部支撑练习(平衡球,腹直肌、腹横肌、髂腰肌):上体直立坐在平衡球上,双手抬离膝关节,身体小幅度后仰,保持身体平衡。

平衡球上仰卧起坐(平衡球,腹直肌、竖脊肌、菱形肌、多裂肌):坐在平衡球前方,身体大幅度后仰,并贴在球上,收腹,还原坐立。

仰卧双腿夹球左右转动(平衡球,腹内外斜肌):仰卧地面,双臂水平张开,两小腿放在平衡球顶部,小腿与大腿夹住平衡球,肩部保持紧贴地面不动,左右转动平衡球。

（3）高级水平

平衡球上背起(平衡球,竖脊肌、臀大肌):上体俯卧在平衡球上,双手置于耳侧,上体抬起至直立位,缓慢还原。

双膝支撑练习(平衡球,腰大肌、腰方肌、腹横肌):练习方法同四点支撑平衡练习,四点支撑后,双手离开平衡球,上体直立。

抱头体侧屈(平衡球,腹内外斜肌、竖脊肌、腰方肌):坐在平衡球上,双脚向前迈出至平衡球顶在腰部位置,转体90°,使髋关节压住平衡球上,双脚前后分开约一步,双脚可以蹬在墙上或台阶上,双手放于耳侧,身体挺直与地面成45°角,做体侧屈。

仰卧夹球上摆同时仰卧起坐(平衡球,腹直肌、腹内外斜肌、髂腰肌):仰卧地面双手置于头两侧,用小腿和大腿夹住平衡球抬离地面,同时双手抱头侧面仰卧起坐。

斜靠平衡球展臂转体(平衡球,腹直肌、腹内外斜肌):坐立在平衡球上,双脚向前迈出直到臀部一侧依靠平衡球,双脚分开,两膝距离略宽于肩,向左侧转体,使得左侧髋关节倚靠在平衡球一侧,左脚在前、右脚在后伸直,两脚脚底垫上哑铃双臂伸直展开。髋关节固定,向右侧转动身体至两臂与地面平行位置停止。

仰卧侧起扭拉(弹力带,腹直肌、腹内外斜肌):弹力带固定于较低位置,仰卧,头部紧贴垫子,两手握紧弹力带并将弹力带拉至腹部以上区域。弹力带从头一侧经过,前臂伸直,肘关节微屈。缓慢地将左肩抬离垫子,同时两手向右臂外侧牵拉弹力带,腹部肌肉绷紧。然后缓慢还原到初始位置。

俄罗斯旋转(腹直肌、腹内外斜肌):仰卧位,屈膝屈髋,双手抱头,腹肌发力,做仰卧起坐后左右旋转躯干,注意旋转时躯干上身要保持正直,旋转速度要缓慢,缓慢放下,然后进行下一次练习。

第四节 本体感觉神经肌肉易化技术及应用

一、本体感觉神经肌肉易化技术概述

本体感觉神经肌肉易化技术是一种治疗理念,是利用牵张、关节压缩和牵引、施加阻力等本体刺激和应用螺旋、对角线状运动模式来促进运动功能恢复的一种治疗方法。螺旋、对角线型的运动模式是PNF技术的基本特征。

二、本体感觉神经肌肉易化技术的应用

（一）基本技术

1. 手法接触

治疗师用手法接触患者的皮肤暴露部位，朝着运动方向摆放，手放在同一平面，即患者手或足的掌面或背面。PNF 技术主要通过本体感受刺激达到促进神经肌肉的作用，其中治疗师手的握法是促进的关键，治疗师采用蚓状抓握的手部姿势，既可以提供三维空间的阻力，又不会因为压力过大而引起疼痛。通过治疗师的接触刺激皮肤感觉，让患者理解运动的方向，注意手只能放在皮肤的暴露平面，即患者手或足的掌面或背面。

2. 牵拉

牵拉刺激可引起肌肉产生牵张反射。在每一动作模式开始时，可采用快速牵拉来施加阻力以提高肌张力；牵张反射一旦产生，即使完全性瘫痪的肌肉，也可能在牵拉松弛的肌肉之后产生收缩。牵张反射可用于激发自主运动；增强较弱肌肉的力量和反应速度，牵张反射的平衡对于姿势的控制也是必要的。

3. 牵引

对关节进行牵拉为牵引，可增加关节间的间隙，使关节面分离激活关节感受器，刺激关节周围的肌肉收缩。一般来讲，牵引主要用于关节的屈曲运动。

4. 挤压

对关节进行挤压，使关节间隙变窄，可激活关节周围伸肌肌肉，利于关节伸展，促进关节稳定性与姿势的反应。患者在立位或坐位姿势下，持续挤压常用于刺激产生躯干反射性伸展。

5. 口令交流

口令的对象是给患者，不是身体的某一部位。治疗师在适当的时候发出口令，可刺激患者的主动运动，提高动作完成质量。要求口令简短、清晰、精确，并与动作的要求相配合。当要求最大运动反应时，可以

给予高声命令;鼓励进行平衡运动时,应采用柔声细语,口令应简短明了;常采用的两个词组是:"用力"和"放松"。预备口令,清楚明白;动作中口令,必须简短,准确,时间应掌握好;纠正的口令,及时、准确、达到目的。

6. 时序

正常的运动发育过程应该先出现近端的控制,然后向远端发展,而正常的运动顺序是从远端到近端发生的,所以在治疗过程中,先易化远端肌肉收缩,再易化近端的肌肉收缩。

7. 强化

刺激身体的各个部位均可引出有目的性的协调运动,称为强化。对一侧肢体或颈、躯干采用抗阻法进行一定形式的活动时,常可强化其他肢体或颈、躯干肌的收缩,这一作用是建立在反射水平和处于应激的功能上。同样,也可做颈或躯干肌的抗阻活动来强化肢体的活动能力。

8. 视觉刺激

在完成头、颈、躯干上部动作模式时,视觉可以引导正确运动方向。令患者的眼睛注视肢体运动方向,双眼的运动带动头部运动,头部运动带动躯干的动作,使动作更容易完成,有助于动作的发展与协调。因此,做易化模式是应尽量让患者注视运动方向。

(二)特殊技术

1. 节律性启动

特点:在要求的范围内做节律性运动,从被动运动开始,逐渐增加力量,最后转向主动抗阻运动。

目的:帮助运动起始,改善协调和运动感觉,使运动速度正常化(增加或降低),指导运动,帮助患者放松。

适应证:起始困难,运动过慢或过快,不协调或运动缺乏节律性,全身性紧张。

方法:治疗师在关节活动范围内做被动运动,节律适当。然后让患者向要求的方向做主动运动,返回时由治疗师被动完成。之后治疗师对主动运动施加阻力,用口头指令保持节律。结束时患者应该能独立完成该运动。

2. 等张组合

特点：融合向心、离心和稳定等张的肌肉收缩，中间不做休息。治疗时，从患者肌力或协调性最好的地方开始。

目的：运动的主动控制，协调，增加主动活动度，增强肌力，离心运动控制的功能性训练。

适应证：离心收缩运动的控制降低，缺乏协调或向需要的方向运动的能力不足，主动关节活动度降低，在关节活动度中缺乏主动运动。

方法：治疗师在整个关节活动度内使患者进行主动抗阻运动（向心性收缩）。在关节活动度末端，治疗师使患者停留在此位置（稳定性收缩）。当达到稳定位置后，治疗师让患者缓慢地向起始位置运动（离心性收缩）。在不同的肌肉活动之间，没有放松，治疗师的手保持在相同的位置。

3. 反复牵伸

反复牵伸又可以分为起始范围的反复牵伸、全范围的反复牵伸。

（1）起始范围的反复牵伸

特点：利用肌肉被拉长的张力，引出牵张反射。值得注意的是，只让肌肉处于紧张状态，不要牵拉关节结构。

目的：促进运动的起始，增加主动的关节活动度、增强肌力，防止或减轻疲劳，在需要的方向上指导运动。

适应证：肌无力，由于肌无力或强直而不能起始运动，疲劳，运动知觉降低。

禁忌证：关节不稳，疼痛，骨折或骨质疏松致骨骼不稳，肌肉或肌腱损伤。

方法：通过拉长肌肉，产生牵拉刺激。通过拉长肌肉以及拍打，产生牵张反射。具体方法：治疗师给患者一个准备指令，同时做这个模式的最大范围的拉长肌肉，要特别注意旋转。然后快速拍打肌肉，以进一步拉长肌肉并诱导出牵张反射。在牵拉的同时，治疗师发出指令，使患者主动收缩被牵拉的肌肉，与牵张反射联系起来。对引起的反射和主动肌收缩施加阻力。

（2）全范围的反复牵伸

特点：从肌肉收缩紧张状态引出牵张反射。

目的：增加主动关节活动度，增加肌力，防止或减轻疲劳，在需要的方向上指导运动。

适应证：肌无力，疲劳，需要的运动知觉降低。

禁忌证：关节不稳，疼痛，骨折或骨质疏松致骨骼不稳，肌肉或肌腱损伤。

方法：治疗师对一个运动模式施加阻力，使所有的肌肉收缩和紧张，可以从起始牵张反应开始。接下来治疗师发出预备指令使牵张反射与患者新的、加大的用力相协调。同时治疗师通过施加瞬间强阻力以轻度拉长牵拉肌肉。让患者做更强的肌肉收缩，同时施加阻力。随着患者通过关节活动范围的运动，反复牵拉以加强收缩，或改变方向。在给予下一个牵拉反射之前，必须让患者运动。牵拉过程中，患者不能放松，也不能改变运动方向。

参考文献

[1] 尹军,袁守龙.身体运动功能训练[M].北京:高等教育出版社,2015.

[2] 尹军,袁守龙.身体运动功能训练[M].北京:人民体育出版社,2017.

[3] 王健,何玉秀.健康体适能[M].北京:高等教育出版社,2010.

[4] 尹军.身体运动功能诊断与训练[M].北京:高等教育出版社,2015.

[5] 运动康复技术编写组.运动康复技术[M].北京:北京体育大学出版社,2016.

[6] 张新萍,屈萍.体适能提升与健康促进[M].广州:中山大学出版社,2020.

[7] 陈培友.青少年体力活动促进模式与实证[M].南京:南京师范大学出版社,2018.

[8] 沈剑威,阮伯仁.体适能基础理论[M].北京:人民体育出版社,2008.

[9] 谭成清,李艳翎.体能训练[M].长沙:湖南师范大学出版社,2012.

[10] 刘星亮.体质健康概论[M].武汉:中国地质大学出版社,2010.

[11] 关辉.体育运动处方及应用[M].北京:北京师范大学出版社,2010.

[12] 沈勋章.全民健身处方大全[M].上海:上海科学技术文献出版社,2002.

[13] 邹克扬,贾敏.体育康复[M].北京:北京师范大学出版社,2011.

[14] 赵斌,张钧,刘晓莉.体育保健学(第六版)[M].北京:高等教育出版社,2018.

[15] 胡英清. 现代体育保健的理论与方法研究 [M]. 北京：中国书籍出版社, 2014.

[16] 荣湘江, 姚鸿恩. 体育康复学 [M]. 北京：人民体育出版社, 2015.

[17] 王安利. 运动康复技术 [M]. 北京：北京体育大学出版社, 2015.

[18] 黄涛. 运动损伤的治疗与康复 [M]. 北京：北京体育大学出版社, 2017.

[19] 钱菁华. 运动康复治疗 [M]. 北京：北京体育大学出版社, 2018.

[20] 李小红, 樊海英, 韦森. 常见运动系统伤病护理 [M]. 成都：四川科技出版社, 2018.

[21] 李雪涛. 运动系统疾病诊疗技术 [M]. 北京：科学出版社, 2018.

[22] 张瑞林, 周桂荣. 体育保健与康复（第二版）[M]. 北京：高等教育出版社, 2013.

[23] 谢瑜. 功能性训练在健美操运动中的运用分析 [J]. 体育风尚, 2021（03）：36-37.

[24] 余昊洪, 赵敬国. 高强度功能训练对人体体能和生理指标的影响 [J]. 文体用品与科技, 2021（05）：58-59.

[25] 聂京涛. 功能性训练在篮球体能训练中的实践探析 [J]. 体育风尚, 2021（02）：68-69.

[26] 康灵, 林松, 李玲, 夏忠梁. 中国身体功能训练研究的热点、问题与展望 [J]. 成都体育学院学报, 2021, 47（01）：125-130+136.

[27] 王莹. 选择性功能动作评估在功能性训练中的应用 [J]. 拳击与格斗, 2021（01）：120-121.

[28] 赵曼芩. 中学教师健康体适能与锻炼状况实证研究 [D]. 苏州：苏州大学, 2016.